죽음을 인터뷰하다

삶의 끝을 응시하며 인생의 의미를 묻는 시간

죽음을 인터뷰하다

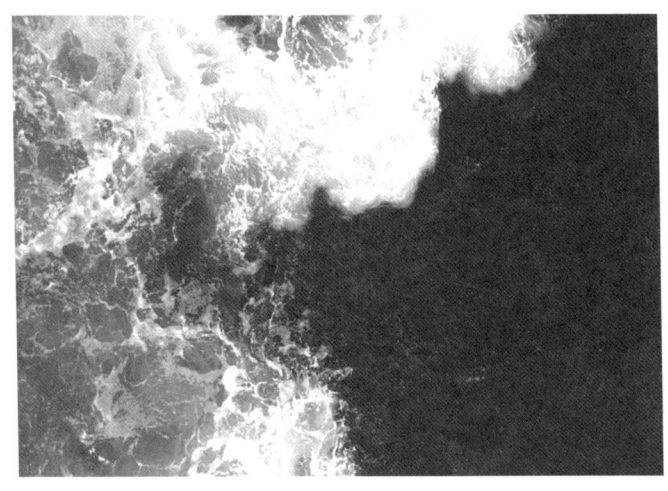

박산호 지음

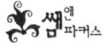

들어가는 글

"삶의 모든 두려움은 죽음에서 비롯된다. 우리는 언제나 죽음을 대하는 태도를 갖추어야 한다." 티베트 불교를 수행하는 용수 스님이 전한 말이다. 스님과 대담집을 함께 쓰며(《이대로 살아도 좋아》, 선스토리, 2024) 우리는 죽음에 관해 깊은 대화를 나누었다. 그러면서 나는 죽음을 전과는 사뭇 다른 시각에서 바라보고, 나와 내가 사랑하는 사람들의 죽음도 곰곰이 생각해볼 수 있었다.

그 대담집의 출간 행사에서 만난 사람들을 통해 죽음에 대해 더 깊게 생각할 계기를 발견했다. 그들은 죽음에 대한 이야기에 큰 관심을 보였다. 가족이나 연인과 사별한 뒤 충분한 애도 기간을 거치지 못해 여전히 품고 있는 아픔을 폭포수처럼 쏟아내기도 했다. 사랑하는 이의 죽음을 이야기하며 눈시울을 붉히던 사람들을 잊을 수 없었다. 그때 나는 죽음에 대해 더 알고 싶고, 공부하고 싶고, 가까이서 바라보고 싶다는 마음이 들었다.

죽음 전문가들과 나눈 다섯 가지 대화를 담은 《죽음을 인터뷰하다》는 그렇게 탄생했다.

요양보호사, 장례지도사, 펫로스 전문 심리상담사, 종교인, 호스피스 전문 의사까지, 그들이 이야기하는 죽음의 다양한 얼굴을 접하며, 기쁨과 슬픔이 교차하는 복잡한 감정을 느꼈다.

이 책을 쓰는 동안 몇 번의 죽음을 맞닥뜨렸다. 언제든 닿을 수 있을 줄 알고 바쁜 일상을 핑계로 만나지 못하다 갑자기 떠나보낸 사람들 때문에 황망해하던 시간이 있었다. 나 역시 건강이 나빠져 입원과 퇴원을 반복하기도 했다. 병실에서 만난 환자들을 보면서도 죽음은 항상 삶과 멀지 않은 곳에 있다는 사실을 직시했다. 그러면서 죽음을 비장하게 볼 필요도 없고, 슬프고 우울하게 볼 필요도 없다고 생각하게 됐다.

이 노력을 가능하게 해준 것은 죽음 전문가들과의 대화였다. 그들 덕분에 죽음에 으레 따라오는 두려움, 불안, 슬픔, 고통 같은 감정에서 어느 정도 벗어날 수 있었다. 또, 죽음을 단편적이고 부정적으로만 보았던 과거의 무지에서 벗어나, 조금 더 명료하고 솔직하게 그것을 바라볼 수 있게 되었다.

그들은 죽음 가까이서 일을 하는 동시에 삶에 대해서도 이야기한다. 그들은 '어떻게 인간답게 살 것인가'를 끊임없이 되묻는 사람들이다. 나는 그들을 통해 남은 생이 우리에게 주는 희망의 본질을 알게 되었다.

《죽음을 인터뷰하다》에 실린 다섯 가지 인터뷰에는 저마다의 단단한 희망이 담겨 있다.

환자들의 곁을 세심하게 지켜주는 돌봄 전문가 이은주 선생님과의 대화는 타인의 돌봄에 필연적으로 의지하게 될 우리의 미래를 그려보며 죽음을 사유할 수 있는 시간을 선사한다.

대통령의 염장이로 알려진 장례지도사 유재철 선생님은 우리 스스로 장례 절차에 대해 구체적으로 생각하고 원하는 방식대로 기획해야만 하는 이유를 전한다. 내가 직접 맞이하는 죽음의 아름다움이 무엇인지 생각해볼 수 있게 해준다.

펫로스 전문 상담사 조지훈 선생님과는 반려동물의 죽음 앞에서 우리가 할 수 있는 것들이 무엇인지 이야기한다. 2025년 6월 KB경영연구소에서 발표한 자료를 살펴보면 반려동물 양육 가구 수는 약 591만 가구에 달한다. 인간의 죽음보다 훨씬 빠르게 찾아오는 반려동물의 죽음 앞에서 우리는 무엇을 어떻게 해야 할지 고민하는 시간을 가진다.

가톨릭영성심리상담소 홍성남 신부님의 질문은 날카롭다. 내가 죽고 나면 나를 위해 울어줄 사람이 얼마나 있을까? 만약에 내가 죽고 나서 부활할 수 있다면 과연 주위 사람들이 나의 부활을 바랄까? 홍성남 신부님은 우리가 서로 도우면서 잘 사는 것이 잘 죽는 것이라는 강력한 메시지를 전한다. 사람을 살리는 것도 사람, 죽이는 것도 사람인 셈이다.

오랫동안 호스피스 전문가로 활동하며 말기 암 환자들을 돌봤던 가정의학과 전문의 김여환 선생님의 이야기는 우리에게 큰 충격을 던진다. 많은 사람이 고통 속에서 생을 마친다는 사실을 직시하면서, 고통 없이 살아가는 삶의 소중함을 다시금 되새길 수 있다.

죽음 전문가들을 인터뷰하고 나서 나는 동국대학교 대학원에서 생사문화산업[1]을 연구하는 후배를 만나 이야기를

---

1 삶과 죽음에 대한 종교 철학적 논의와 함께 상장례 문화, 산업, 자살 예방 분야 등을 연구한다.

나누기도 했다. 그는 "죽음은 우리가 직면하는 유일한 진실"이라는 말을 했는데, 그게 무슨 의미인지 묻자 이렇게 말했다.

"대통령도 죽고, 부자도 죽고, 가난한 사람도 죽고, 한국 사람도 죽고, 미국 사람도 죽고, 중국 사람도 죽어요. 이 넓은 세상에서 우리는 누군가의 경험을 똑같이 겪을 수도, 겪지 않을 수도 있지만 죽음만큼은 누구나 공평하게 피할 수 없죠."

후배의 말을 듣고 나서 췌장암으로 세상을 떠난 스티브 잡스를 떠올렸다. 암 투병을 하던 그는 "죽음은 삶이 만든 최고의 발명품"이라는 말을 남겼다. 살아생전 천재로 불리던 그도 죽음이 다가와 온몸에 튜브를 꽂은 채 병원 침대에 누워 있을 때는 그 많은 부와 영광과 명예가 쓸모없다는 걸, 그저 사랑만이 중요하다는 걸 깨달았다고 한다. 인생의 의미를 더 일찍 깨달았더라면 잡스의 생은 달라졌을 것이라는 생각이 들었다.

이 책을 쓰면서, 또 실제로 죽음을 접하면서 하루에 세 번은 죽음을 생각하게 되었다. 그러면 아이러니하게도 행복감과 감사함이 밀려온다. 언젠가 나는 반드시 죽겠지만 그게 오늘은 아니어서, 지금 내 곁에 사랑하는 가족이 있고, 내가 좋아하는 일을 하고 있으며, 이 순간을 온전히 음미할 수 있어서 그렇다.

나는 삶 다음에 곧바로 죽음이 있다고 생각하지 않는다. 그렇다면 삶과 죽음 사이에는 무엇이 있을까? 나는 인간다움이 있다고 생각한다. 서로 사랑하고, 존중하며, 공존하는 것. 나는 그것을 죽음 전문가들과의 인터뷰를 통해서 배웠다.

어떻게 인간답게 살 것인가? 어떻게 인간납게 죽을 것인가? 여러분도 이 책을 읽으면서 죽음의 다양한 얼굴을 마주하며 생의 의미를 사유하는 시간을 가져보기를 바란다. 그 사유의 끝이 해피엔딩이기를.

인터뷰어, 박산호

차 례

들어가는 글
005

1부
작은 이별이 모여 죽음이 됩니다
요양보호사 이은주
012

2부
잘 사는 사람이 잘 죽습니다
장례지도사 유재철
064

3부
분명 다시 만날 수 있다고 생각합니다
펫로스 상담사 조지훈
098

4부
얼마나 오래 살았느냐는 중요하지 않습니다
신부 홍성남
134

5부
필연적으로 삶과 죽음은 연결됩니다
호스피스 의사 김여환
196

1부

작은 이별이 모여
죽음이 됩니다

요양보호사 이은주

저는 제힘으로 운명을 주도하고 싶어요.
프로메테우스처럼
저도 신과 대결하고 싶은 거죠.

코앞에 놓인 해야 할 일,
아니면 인간으로서 지켜야 할 어떤 선.
그런 것들을 생각하면서
살아야 한다고 생각해요.

열린 결말을 생각하며 살면 좋겠습니다.
싸운 친구와 화해하고
자신의 흘러간 청춘을 애도하기도 하고
전보다 더 너그러워질 수도 있고요.

이은주 선생님을 첫 번째 인터뷰이로 정한 이유는 간단했다. 나이 든 어머니와 어린 조카 손주를 돌보는 일상을 소셜 미디어에 올리는 선생님의 글을 꽤 오랫동안 읽어오면서 '노년' '돌봄' '죽음'이라는 다소 묵직한 주제를 생활 속에서 자연스럽게 돌아볼 수 있었기 때문이다. 또, 나와 같은 번역가이자(선생님은 일본어, 나는 영어) 에세이를 쓰는 작가라는 비슷한 환경에서 느끼는 동료 의식도 한몫했다.

인터뷰 시간에 맞춰 공덕역 인근에 있는 빵집에 도착했을 때 선생님은 이미 편집자와 이야기를 나누고 있었다. 염색하지 않아 희끗희끗한 머리카락, 맑고 깨끗한 피부와 반짝거리는 눈동자에서 지성이 비치던 선생님. 글을 다루는 사람답게 선생님의 답변은 명료하고도 문학적이었다. 그 안에는 삶과 죽음, 사람에 대한 깊은 고민과 따스한 애정이 스며 있었다.

○ 선생님은 논픽션 작가이자 일본어 번역가로, 또 요양보호사로 활동하고 계시죠. 요양보호사 자격증을 딴 후에는 요양원과 데이케어센터[1]에서 근무하셨고, 재가방문[2]으로 노인을 돌보는 일도 하고 계시는데요. 요양보호사로서 일하기 전과 후를 비교해보았을 때 노화에 대한 인식이 달라졌거나 새롭게 드는 감정, 혹은 깨달음이 있을까요?

● 올해 재가방문으로 '뮤즈'[3]를 돌본 지 7년째고, 데이케어센터 목욕 봉사는 2011년 5월에 시작했어요. 장기요양보험에서 실시하는 돌봄은 다양하게 접했던 것 같아요. 특별히 노화에 대한 인식이 바뀌진 않았지만 노화에 대한 모든 걸 알기 위해 기를 쓰고 달려온 시간이었네요.
마르셀 프루스트의 《잃어버린 시간을 찾아서》(민음사, 2012)에서는 주인공이 '마들렌'과 '홍차 향기'와 함께 시간 여행을

---

1 낮 시간 동안 돌봄을 제공하는 시설이다. 주로 65세 이상 노인이나 일상생활에 부분적으로 도움이 필요한 사람들이 방문한다. 식사, 목욕부터 혈압·혈당 관리, 취미 활동 지원 등 다양한 서비스를 제공한다.
2 요양보호사·간호사 등이 가정에 직접 방문하여 돌봄을 제공하는 서비스다. 신체 활동부터 가사·일상생활, 건강 관리 등을 돕는다.
3 인터뷰이가 그리스 로마 신화에서 가지고 온 애칭이다. 이 인터뷰에서는 요양사로서 모셔야 할 어르신들을 칭한다.

떠납니다. 그 여행이 필요했던 이유가 있어요. 청년 시절 프루스트가 알베르틴이라는 여자에게 반해 있을 때, 지극히 사랑했던 할머니가 치매에 걸렸다가 결국 돌아가셨거든요. 그래서 프루스트는 이 소설 시리즈 전권에 걸쳐 할머니와의 추억을 기록합니다. 프루스트가 써 내려간 이 소설이 할머니에게 영원한 생명을 준 것이나 다름없다고 저는 생각해요.

노화란 게 그런 것 같아요. 나이가 들어야 비로소 볼 수 있고 가슴으로 알 수 있는 것이 많아요. 통증조차 본인이 직접 아파봐야 타인의 아픔을 조금이나마 가늠할 수 있거든요. 그래서 노화에 관해서는 끝도 없이 '버전 업' 한다고 표현해야 하나, 새롭게 익히는 게 많아요. 게다가 무척 신비한 일을 믿게 됩니다. 몇 주 전까지 누워서 죽을 드셔야 했던 분이 돌봄을 통해 앉아서 식사하시고 몇 개월 후엔 젓가락을 사용하시는 모습을 보면 마지막까지 환자에게 희망을 품어야겠다는 생각이 들어요. 참고로 이건 저희 어머니 사례입니다.

○ **얼마 전에 문미순 작가의 소설 《우리가 겨울을 지나온 방식》(나무옆의자, 2023)을 읽고 큰 충격을 받았습니다. 그 소**

설에서는 한 50대 여성이 치매에 걸린 어머니를 혼자서 보살피고, 그 옆집에는 20대 초반의 아들이 알코올성 치매에 걸린 아버지를 보살피다가 청춘과 미래까지 저당 잡히고 마는 이야기가 나옵니다. 두 사람의 사연을 읽는 것만으로도 먹먹하다 못해 가슴이 답답해졌어요.

그와 비슷한 작품으로 일본 영화 〈로스트 케어〉(2023)에서는 요양보호사로 일하는 남자가 자신이 보살피는 치매 노인들을 니코틴으로 살해하는 이야기가 나옵니다. 두 작품 모두 치매 노인 간병의 지난함을 처절하게 묘사하고 있는데요.

그와 다르게 이은주 선생님의 에세이에서는 문장마다 노인을 향한 온기와 애정이 스며 있어서, 읽으면서 가슴이 뭉클해질 때가 많았습니다.

소설과 영화 속 이야기이긴 하지만, 간병에 지쳐 노인을 학대하거나 살해하는 일이 벌어지지 않으려면 어떻게 해야 할까요? 돌봄에 임하는 사람들이 타인뿐 아니라 자신을 지킬 방법이 있을까요?

● 요즘 유튜브에서 손주들이 치매 할머니를 돌보는 콘텐츠가 인기를 끌고 있어요. 유튜브 채널 〈시골청년〉에 올라

오는 영상을 보면 병원에 가려고 하지 않는 할머니에게 손자가 자기 배가 아프다고 거짓말을 해요. 결국 할머니를 병원으로 모셔 진료를 받게 만들죠. 그렇게 집으로 함께 돌아오는 이야기가 매우 섬세하게 기록되어 있는데요.

돌봄을 하는 사람에게는 자기만의 시간뿐 아니라 사회관계망의 존재가 아주 중요한 것 같아요. 일하다 보면 '힘들다, 허리가 아프다, 이번 달에 세 분이 돌아가셨다, 내가 아무리 열심히 해도 죽는구나, 우울하다'라고 자신의 마음을 소통할 연대와 네트워크가 필요해요. 그런데 요양원 근무는 대부분 3교대거든요. 야근을 하고 아침에 돌아오는 환경에서는 친구와 약속을 잡기도 참 힘들어요. 그런데 그런 상황에서 잠을 줄이면서도 자기 향상에 힘쓰는 분들이 계세요. 멋진 일이지요. 서울시 어르신돌봄 종사자 종합지원센터에서는 건강 증진을 위한 자세 교정 필라테스, 단전호흡, 림프 마사지 같은 프로그램을 제공하고 있어요. 또, 권리 교육으로는 급여 명세서 꼼꼼하게 따져보기, 유급휴일 수당 알기, 노동 인문학, 돌봄 노동의 여성화, 이주화[4] 등에

---

4 국내 돌봄 서비스 분야의 인력 부족을 해결하기 위해 외국인 이주 노동자를 적극 유입하는 정책을 말한다.

대한 강의가 있어요. 이런 수업을 들으면서 항상 깨어 있는 자세로 매사를 소중하게 여길 수 있도록 스스로를 단련하는 것이 도움이 됩니다.

저 같은 경우는 여러 문학 작품 속 주인공과 등장인물을 불러와서 제가 돌봐야 할 어르신들을 '뮤즈'와 '제우스'로 호명하며 모시는데, 그 이유는 그리스 로마 신화의 주인공들이 겪는 고난이 우리 삶의 고난과 일치하기 때문입니다.

○ **방금 하신 이야기를 선생님의 에세이 《돌봄의 온도》(헤르츠나인, 2023)에서 읽었어요. 그 점이 참 놀라웠어요. 인문학을 현실에 적용한 좋은 예가 아닌가 싶어요. 인문학이라고 하면 현실과 동떨어진 이야기만 한다는 편견이 없지 않잖아요. 그런데 선생님은 거의 평생 동안 사람들을 돌보시면서 그들을 늘 존엄한 존재로 대하고 계시죠. 그런 힘은 대체 어디서 나오는 걸까요? 말은 쉽지만, 행동은 어렵잖아요.**

● 이 인터뷰를 준비하면서 질문이라는 게 참 중요하다는 걸 느꼈어요. 어떤 질문을 하느냐에 따라 질문하는 사람이 멋져 보이기도 하고, 때로는 질문에 따라 인식의 전환 혹은 점프, 나아가 깨달음을 얻을 때가 있더라고요. 인터뷰에 앞

서 알베르 카뮈의 소설 《행복한 죽음》(책세상, 2021)을 다시 펼쳐서 읽었습니다. 그 책을 읽으면서 '그래, 역시 나는 프로메테우스적인 돌봄을 해야지. 나를 헌신하고 희생하면서 타인을 주도하는 그런 걸 난 문학 속에서 배웠지' 하고 생각했어요. 제가 지향하는 돌봄의 태도를 다시 한번 확인한 거예요.

○ **'프로메테우스적인 돌봄'이라고 하셨나요? 프로메테우스와 돌봄을 어떻게 연결할 수 있나요?**

● 프로메테우스는 그리스 로마 신화에서 인간에게 불을 전해준 것으로 묘사되는 신이죠. 불이 인간에게 얼마나 중요해요. 그렇죠? 그걸 훔쳐다가 준 거잖아요. 덕분에 인간은 추위와 굶주림에서 벗어났고. 반면 프로메테우스는 얼마나 큰 고통을 겪었어요?

○ **맞아요. 매일 독수리에게 심장을 쪼이는 벌을 받았죠.**

● 그렇죠. 우리가 돌봄을 하면서 겪는 어려움도 프로메테우스의 고난처럼 타인에게는 좋은 결과를 가져다줄 수 있습니

다. 내가 하는 돌봄이 나에게는 힘들지만 돌봄을 받는 뮤즈와 제우스에게는 기쁨이 될 수 있어요. 예를 들어 깨끗한 기저귀를 갈아주는 일처럼요. 그런 식으로 어떤 일상의 루틴을 지켜갈 때 나도 그들도 '소중한 존재구나' 하고 느낄 수 있습니다. 돌봄이란 그런 게 아닐지 생각하고, 거기에 문학적인 상상력을 가져온 겁니다.

○ **선생님이 카뮈를 언급하셔서 갑자기 생각이 났는데요. 저는 돌봄 노동이 '시시포스 신화'와도 어울리지 않을까 해요. 끊임없이 산 정상으로 바위를 밀어 올리는 형벌을 받은 시시포스처럼 매일 똑같은 노동을 하고, 또 그게 끝나지 않을 걸 알기에 절망하기도 하니까요.**

● 시시포스처럼 생각하기 쉽죠. 그러니까 이게 문학의 힘이에요. 사람들은 고통을 고통으로 알지만, 문학 속에서는 이 고통이 다른 차원으로 이동하는 거잖아요. 종교도 똑같은 것 같아요. 현실의 고난이 천국이라든가 영생이라든가, 다른 걸로 환원되면서요.

○ **일종의 승화군요.**

● 그렇죠. 예를 들어 안데르센의 동화 〈성냥팔이 소녀〉에서 소녀가 결국에는 얼어 죽잖아요. 근데 그 전에 성냥불이 확 타오르는 순간 어떤 행복한 환상을 봐요. 그게 소녀의 마지막 축제인 거예요. 우리 인생은 고난의 연속이고 결국엔 아파서 병들어 죽겠지만 그걸 어떻게 보여줄까 결정하는 것은 제 몫이잖아요. 그걸 비극적인 설정이나 슬픔으로만 볼 것이냐, 아니냐의 문제예요. 저는 좀 더 다른 시각으로 보고 제힘으로 제 운명을 주도하고 싶어요. 프로메테우스처럼 저도 신과 대결하고 싶은 거죠. '누가 이기나 보자.' 그런 마음으로 제가 돌보는 대상의 고통을 덜어주겠다고 다짐하고 일합니다.

○ 늙어가는 부모님을 돌볼 수 없어 요양원에 보내고 죄책감을 느끼는 보호자들이 있는데요. 선생님들은 그들에게 그러지 말라고 다독이며 말씀하신 적이 있어요. 부모님을 요양원에 보내는 것에 자책할 필요는 없고, 그래야 더 잘 찾아뵐 수 있다고요. 사회적으로 성공했다며 바쁘게 사는 자식들보다, 그렇지 않은 자식들이 오히려 더 부모님을 찾아뵌다는 말씀도 인상적이었어요. 요양원에 계신 부모님을 잘 보살피는 방법은 무엇이 있을까요?

● 부모님을 요양원에 보낸 아들이 늙고 약해진 부모를 대면하기 어려워 아내를 보내는 경우가 있어요. 아니, 은연중에 자신의 부모 돌봄이 오로지 아내의 일이라고 믿고 싶어 하기도 해요. 그런 생각에서 벗어나야 합니다. 아내가 어머니의 기저귀를 가는 것을 당연시하고, 자신만 존엄을 지키기 위해 해야 할 일은 외면하면 안 돼요. 이건 자식을 낳고도 돌보지 않는 태도와 다르지 않아요. 우선 인식의 개선이 필요합니다.

죄책감은 돌봄의 무서운 적이지요. CBS에서 방영한 70주년 기획 프로그램 〈아이가 있는 삶, 미래와의 협상〉을 제가 번역했는데요. 여기에 실린 일본 사회학자 우에노 지즈코 上野千鶴子 선생님의 인터뷰가 기억에 남아요. 장애아를 돌보는 어머니가 이렇게 이야기합니다. "3시간 이상 밀실에서 아이와 단둘이 있으면 어머니는 아이에게 흉기가 된다." 이 이야기는 독박 돌봄이 얼마나 위험할 수 있는지를 알려주는 동시에 해결 방안도 제시하고 있습니다. 장애아의 부모는 3시간이 지나면 반드시 장애인 활동 지원사나 봉사자 등 다른 사람에게 돌봄 업무를 맡기고 쉬어야 해요. 장시간 돌봄은 좋은 돌봄이 될 수 없다는 인식을 먼저 가져야 합니다. 그래야 모두가 돌봄 업무를 어떻게 분담하면 좋을지 충분히 논의할 수 있으리라 생각합니다.

바쁘게 살다 보면 한 달은 금방 가요. 그렇게 몇 주, 몇 달이 흐르다 보면 나중엔 부모님과 더 이상 만날 수 없게 될 수도 있어요. 틀니도, 보청기도 사용할 수 없게 된 부모님과 짧은 면회 시간 동안 어떻게 정을 나누어야 할지 고민해 보세요. 그러다 보면 손톱을 깎아드리고 싶어서, 겨울 내복을 입혀드리고 싶어서, 좋아하는 복숭아를 갖다드리고 싶어서 부모님이 계신 요양원을 찾지 않을까요?

○ **저희 어머니는 2년 뒤에 팔순이 되어요. 평소에 굉장히 총기 넘치고 건강하다고 생각했어요. 그런데 최근 들어 점점 어머니의 감정 기복이 심해지고 자식들이 하는 말을 오해하는 경우가 생겨서 당황스럽죠. 이것도 노화의 한 증상이 아닌가 싶어요. 그런 부모님의 감정 변화에 어떻게 대처하는 게 좋을까요?**

● 65세가 되면 치매안심센터에서 치매 검사를 권하는데요. 이때 노년 우울증도 함께 진단할 수 있어요. 다만 간단한 질의응답으로만 구성되어 있어서 노년 우울증을 단번에 확인하기는 어려워요. 그렇기에 일상의 작은 변화를 보

호자가 잘 살펴보셔야 해요. 그러면 확실히 도움이 될 거예요.

또, 나이가 들면 요실금이 찾아오고는 하는데 이에 대한 두려움이 어머니를 불안하게 만들 수 있어요. 이전과 다르게 멀리 여행을 떠나기도 어려워서 불안해지고 화가 나죠. 어머니가 밤에 몇 번이나 깨서 화장실에 가는지 조심스럽게 확인해보세요. 서너 번 이상 가신다면 두 가지 방법이 있어요. 우선 신경정신과에서 약을 처방받아서 밤에 푹 주무실 수 있게 도와드리는 거고요. 그다음으로 비뇨기과에서 빈뇨, 잔뇨감을 없애주는 약을 처방받는 거예요.

오늘 당장 어머니가 화를 내도 내일 아침 안부를 묻는 전화를 할 용기를 가지는 게 좋아요. 어머니의 노화 과정에 부지런히 동행하다 보면 힘이 붙을 거예요. 부모 돌봄에도 골든타임이 있어요. 지금 이 순간을 잘 보내야 나중에 후회하지 않을 거예요. 잘하실 수 있어요.

○ **최근에 어머니가 저한테 서운한 티를 낸 적이 있어요. 그 후로 며칠 동안 마음이 괴로웠는데 먼저 연락할 엄두가 나지 않았어요. 아무래도 어머니보다는 제가 먼저 다가가고 달래드려야겠지요.**

● 일단 '남의 엄마'라고 생각하고 어머니의 이야기를 들으세요. 다들 남의 엄마한테는 잘하잖아요(웃음).

○ **그러니까요. 남의 엄마한테는 잘하고, 예의도 잘 차리고, 더 살피게 되잖아요. 인사말 한마디라도 더 드리려고 할 텐데, 내 엄마는 너무 편하다 보니 그런 게 잘 안되죠. 선생님도 실제로 남의 엄마라는 생각으로 어머니를 돌보시나요?**

● 객관적인 생각을 가지려고 많이 노력했어요. 그러지 않으면 힘들어요. 고약한 할머니가 점점 더 고약해지고 있거든요. 우리 어머니는 어떤 사건이 일어났을 때 저처럼 다채롭게 생각해서 결과물을 내지는 않아요. 헬렌 니어링과 스콧 니어링의 에세이 《조화로운 삶》(보리, 2023)에 이런 말이 있어요. "행동하는 대로 생각하지 말고, 생각한 대로 행동하라." 그런데 자꾸 반대로 하는 경우가 많죠. 저희 어머니도 그래요. 어머니가 스스로를 합리화하며 자기 할 일을 제대로 하지 못할 때 우리 딸들이 화가 나잖아요? '왜 당신 할 일을 자꾸 나한테 미루지?' 하고요.
그게 노화가 시작되는 신호라는 걸 처음엔 몰랐어요. 그저 여자와 여자, 인간 대 인간으로 부당하다고 생각했을 뿐이었죠. 그때를 생각하면 마음이 좀 아파요. 그 순간을 내가 좀 더 지혜롭게 넘겼다면 어머니의 동반자 역할을 해줬을 텐데요. 우리 어머니는 남편 없이 반세기를 살았으니까요. '내가 센스가 없구나'라고 생각하게 된 계기예요. 아무래도 우리는 가족보다 타인에게 더 예의를 차리게 되잖아요. 사람 사이에는 적절하게 거리를 두는 것이 중요하다는 말을 많이 듣지만, 그게 가족일 경우에는 정말 쉽지 않아요. 뭐든 처음부터 잘할 순 없으니 연습이 필요해요.

○ **선생님이 요양보호사로 일하지 않았어도 어머니의 미세한 변화를 포착할 수 있었을까요?**

● 예전에 학습지 교사로 일한 적이 있었는데, 그때 경험이 지금 조카들을 보살필 때 많은 도움이 되었어요. 두 아이의 학원비를 제가 다 댈 수는 없었지만, 한편으로 아이들에게 쉽게 다가가고 싶었거든요. 학습지 교사로 일한 덕분에 저렴한 가격에 여러 문제집을 풀어보면서 조카들을 잘 가르칠 수 있었어요.

그런 것처럼 요양보호사로 일하면서 얻은 게 많아요. 어머니에게 노화가 찾아왔을 때 장기요양보호사 공부를 한 것, 몇 시간씩 치매 교육을 받은 것들이 자양분이 되었어요. 어머니를 보살피면서 한 박자 늦더라도 결국엔 쫓아갈 수 있었다고 할까요? 어머니의 노화가 생각보다 빨랐거든요. 갑자기 전문 상담사가 필요할 정도로요. 그랬을 때 도움이 많이 됐습니다.

그때 경험을 바탕으로 모임을 하나 만들었어요. '밴드'라는 모임용 어플리케이션으로 7년간 운영했죠. 지금도 4천 500명이 넘는 밴드 친구가 활동하고 있어요. 대부분 10년 이상 부모 돌봄을 하거나, 요양병원에서 요양보호사로 일했던 분들이에요. 돌봄의 노하우를 축적한 분들과 소통하면서 위로를 많이 받았어요.

○ **선생님은 번역가면서 몸을 써서 일하는 요양보호사이기도 한데요. 요즘은 AI의 발달로 번역가의 입지가 점점 좁아지고 있잖아요. 그에 비해 요양보호사라는 직업은 상대적으로 대체될 가능성이 낮다고 생각해요. 그런데 가까운 일본에서는 노인을 보살피는 AI 로봇의 역할이 점점 커지고 있다고 하더군요. 노인에게 말벗이 되어주거나 약을 챙겨주는 식으로요. 무한한 인내심을 가지고 노년의 느린 생활**

패턴에 맞추도록 개발된 '케어 로봇'이 있다면 장점이 적지 않을 것 같아요. 노인을 보살피는 케어 로봇이 어디까지 발달하게 될까요?

● 어디까지 발달할지 짐작하기는 어렵지만 바라는 건 있어요. 기본적인 집안일을 해결해주면 좋겠어요. 저는 로봇에게 요리부터 부탁할 것 같아요. 인터넷에서 장을 볼 때 음성인식으로 재료를 고르고, 배달시킬 수 있겠지요. 음식은 생선구이를 해준다거나, 된장국이나 김칫국을 끓여주면 좋겠어요. 특별히 먹고 싶은 음식이 있다면 외식하면 되고요. 아, 가끔 떡국도 끓여주면 좋겠네요. 그다음에는 매일 제시간에 씻을 수 있도록 로봇이 알려주면 좋겠어요. 방 안 환기를 시켜주는 일도 해줬으면 하고요.

저는 이런 상상을 해요. 제가 휠체어를 타고 산책하러 나가면 조카 손자의 얼굴을 한 도우미 로봇이 제 휠체어를 밀어주는 거죠. 목소리 변환기가 있어서 제가 좋아하고, 친숙한 목소리를 선택할 수도 있고요(웃음). 또, 집에 전자 피아노가 있으니 로봇에게 피아노 수업을 받겠어요. 로봇과 함께 공부도 하고, 도서관에서 필요한 자료를 빌려오면 그것에 관해 토론도 하면 재미있겠네요.

노인 인구는 생산성이라는 측면에서 늘 제외돼요. 투자받기도 어렵고요. 노인 연구에 투자가 적극적으로 이루어져야 한다고 생각해요. 예를 들어볼까요? 기도 삽입관이 꼭 필요한 환자가 있어요. 환자의 숨길을 터주고, 분비물 배출도 돕고, 영양 공급도 해주는 중요한 기구죠. 그런데 관리하는 일이 아주 까다로워요. 그런데 만약에 자동 주입 기능과 자동 세척 기능이 있는 기도 삽입관이 있다면 얼마나 좋을까요? 관리를 더 편하게 할 수 있을 거예요. 또, 노인들이 자주 사용하는 소변 주머니처럼 의료기구의 디자인도 이왕이면 친근하고 귀여웠으면 좋겠어요. 노인들의 소변 주머니에 미키마우스처럼 귀여운 그림이 그려져 있다면 좋을 텐데요.

○ **노화를 주제로 다큐멘터리 제작을 준비하는 친구의 말을 들어보니, 로봇을 반려동물처럼 아끼고, 옷을 만들어 입히고, 잘 때도 껴안고 자는 노인들이 늘어나고 있다고 해요. 어쩌면 노인들은 신체적인 도움만큼이나 정서적 보살핌과 친밀함을 원하고 있는 것 같아요. 그 점에 대해 어떻게 생각하세요?**

● 저는 로봇보다는 사람이 좋고, 강아지 로봇보다는 살아서 숨 쉬는 강아지를 좋아합니다. 돌봄 산업에서 로봇을 쓸 생각만 하지 말고, 먼저 돌봄 노동자가 많지 않은 이유를 생각해보면 좋겠습니다. 마찬가지로 사회가 지금보다 사람을 더 귀하게 여겨야 한다고 생각해요. 케어 로봇이 잘 작동하다가 고장 났을 때 노인이 느낄 혼란을 상상해보세요. 저는 그런 게 싫어요. 그런 식의 정서적인 지지는 사람이나 동물에게 받아야 하는 게 맞아요. 로봇을 연구하는 비용으로 우리 돌봄 노동자의 처우를 개선하거나, 다른 걸 해볼 여지는 없을까요?

○ **굉장히 중요한 점을 지적해주셨어요. AI도 그렇고, 로봇도 그렇고, 대체로 사람의 일자리를 줄이는 방식으로만 발전하고 있잖아요. 오로지 비용의 극대화, 효율성의 극대화만 생각하는 시대가 됐고요.**

● 우리가 기후 변화를 생각하지 않고 나무를 마구 베어낸 결과를 맞이하듯이, 우리가 생각 없이 수많은 일자리를 없애버리면 그만큼 가난한 나라가 될 확률이 커집니다. 문화도 없어지고요. 농사를 짓는다고 해도 우리가 스스로 씨앗

을 개발하지 않으면 결국 외국에서 사와야 해요. 우리 것이 다 사라지는 거죠. 그런 기본적인 논리와 AI가 맞닿아 있어요. 아무 생각 없이 인간의 직업을 없애버리면 그만큼 가난한 나라, 문화가 없는 나라가 될 가능성이 커진다고 생각해요.

○ **티베트 불교 승려인 용수 스님과 《이대로 살아도 좋아》라는 대담집을 함께 쓰면서 '죽음 명상'을 알게 되었습니다. 용수 스님은 아침에 일어나면 죽음을 생각하고, 밤에 잠자리에 들기 전에 또 죽음을 생각하라고 말했어요. 실제로 그 후 죽음을 전보다 많이 생각하게 됐고요. 이은주 선생님은 요양보호사로 일하시면서 죽음을 자주 접하실 텐데요. 평소에는 죽음이란 것을 어떻게 생각하시는지 궁금합니다.**

● 초등학교 6학년 때까지 저한테는 순진한 구석이 있었어요. 《어린 왕자》를 읽으면서 '어린 왕자를 만나려면 지구별을 떠나야 하나?' 하고 진지하게 죽음을 고민했어요. 그러고 나서 스무 살 언저리에 카뮈의 《행복한 죽음》을 읽고 '아, 이거다!' 싶었죠. 카뮈처럼 생각하고 살아야 죽음이 두렵지 않겠다고 자각했습니다.

마흔이 넘어서는 《모리와 함께한 화요일》(살림, 2017)을 읽었어요. 이 책에는 루게릭병을 앓고 있는 교수가 죽음을 준비하며 제자와 이야기를 나눈 내용이 담겨 있어요. 저는 책을 읽고 죽음 자체보다 죽기 전의 고통에 대해 생각하기 시작했어요. 타인의 손을 수시로 빌려야 하는 모리 선생님이 어려운 결단을 내렸을 때는 감동했어요. "다시 어린이로 돌아갔다고 생각해야지"라든지, "엉덩이를 맡기는 거야"라는 용기 있는 발언이 참 좋았어요. 저도 모리 선생님처럼 늙음을 슬퍼하거나 남에게 폐를 끼칠까 봐 두려워하지 않기로 했어요.

또, 조한진희 선생님의 책 《아파도 미안하지 않습니다》(동녘, 2019)를 사서 아픈 어머니에게 선물할 때 책 제목이 제 마음을 대신 이야기해주는 듯도 했지요.

○ **카뮈의 《행복한 죽음》은 어떤 내용인지 설명해주시겠어요?**

● 그 소설은 분량이 아주 짧아요. 예전에는 밑줄을 치며 열중해서 읽었죠. 이 책은 주인공 파트리스 메르소가 책 제목처럼 행복한 죽음이 무엇인지에 대해서 사유하는 이야기

예요. 돈, 자유, 자연, 고독 같은 우리의 삶을 이루는 것에 대해서 이야기하고 고찰하죠. 때로는 부자보다 빈자가 더 마음 편하게 죽을 수 있잖아요. 제가 보기에 불교적인 내용도 좀 들어가 있는 것 같아요. 책은 이 정도로 소개하고 독자분들이 직접 읽어보는 것도 좋겠어요. 책의 제목만으로 궁금해져서 새로운 책을 읽어보는 것도 좋은 만남의 방식이 아닐까 싶어요.

○ 사고나 질병으로 일찍 생을 마감하지 않는 한 죽음을 대비하기 시작하기에 적절한 나이가 있다면 대략 몇 세부터라고 생각하세요?

● 대답하기 어려운 질문이네요. 우리는 "죽고 싶지만 떡볶이가 먹고 싶을" 테니까요.

○ 우리는 영원히 현재를 놓을 수 없다는 의미인가요? 우리는 암이나 불치병, 심각한 사고를 맞이하고서야 죽음을 생각하게 되는 존재일까요?

● 두 가지 상황이 떠오르네요. 제가 돌보고 있는 어떤 뮤즈

와 제우스는 단출하고 인상적인 살림살이를 하고 있어요. 소박한 모습에서는 제가 닮고 싶은 구도자적인 면이 보여서 좋아요. 가재도구도 많지 않아요. 컵 두 개, 밥그릇 세 개, 냄비 세 개. 그 모습을 보면 '이분들을 닮아야겠다. 언제든지 떠날 수 있게 구도자적으로 사시네' 하는 생각이 들어요. 가난해서 그런 건 아닌 것 같아요. 어떤 사람은 잡동사니를 주워와서 가득 쌓아놓고 살기도 하니까요. 이건 그 사람들의 삶의 모습인 거예요. 그런 방식으로 죽음을 준비하는 삶이 있고요.

제가 고등학교 때 《리더스 다이제스트》[5] 시리즈를 많이 읽었는데요. 지금은 절판됐지만 당시에는 세계적인 교양 잡지로 유명했어요. 그 잡지에서 어떤 이야기를 읽었어요. 산에서 독사에게 물린 한 엄마가 자신이 곧 죽을 걸 알고 한겨울 숲에서 나무를 해요. 아이들을 위해 장작으로 쓸 나뭇가지를 줍는 거죠. 그 일을 하느라 땀을 많이 흘려서 독기가 다 빠졌고 그렇게 살아났다는 거예요. 정말 감명받았어요. 이 이야기처럼 우리는 평소에 무언가를 간절히 원하고 해야 할 일을 하면서 살아야 한다고 생각합니다. '죽고

---

[5] 1922년 미국에서 창간된 시사교양 잡지.

싶어도 떡볶이는 먹어야겠다.' 이런 다짐도 좋아요.

저는 코앞에 놓인 해야 할 일, 아니면 인간으로서 지켜야 할 어떤 선, 그런 것들을 생각하면서 살아야 한다고 생각해요. 암이나 불치병에 걸렸을 때조차 비관적인 죽음만을 생각할 필요는 없는 것 같아요. 열린 결말을 생각하며 살았으면 좋겠습니다. 싸운 친구와 화해하고, 자신의 흘러간 청춘을 애도하기도 하고. 그렇게 우리는 전보다 더 너그러워질 수도 있고요.

○ **다양한 형태의 죽음을 보셨을 텐데요. 행복한 죽음은 어떤 죽음일까요? 미디어에서는 사랑하는 가족과 친구들에게 둘러싸여 작별 인사를 하고, 평화롭게 숨을 거두는 모습을 묘사하고는 하죠. 현실적으로 생각했을 때 그런 경우는 많지 않을 거라 생각합니다. 혼자서 조용히 숨을 거두기도 하고, 호흡기에 의지해 서서히 죽어가는 경우도 있고요. 선생님이 생각하시는 이상적인 죽음은 무엇인가요?**

● 공항에 가보세요. 온통 즐거움에 찬 여행객들이 가방을 끌고 다니지요. 현재 어떤 세상에 있든지 저는 작은 이별이 모여 죽음이 된다고 생각해요. 저는 일주일에 사흘 정도 어

머니를 돌보기 위해 어머니 집에서 자고 오는데요. 그렇게 두 집 생활을 한 지 1년이 다 되어가요. 매주 집을 비울 때는 구피들이 있는 어항의 물을 갈아주고 사료도 넉넉히 주고 옵니다. 제가 갑자기 죽는다면 물고기들에겐 미안한 일이 되겠지요. 베란다에 있는 재스민 화분이랑 은목서 화분에도 물을 줍니다. 반려견 뽀삐는 아예 어머니 댁으로 이사 했고요. 택시로 이동할 때 개털 알레르기가 있는 기사님이 승차 거부를 한 이후로 두고 다녀요.

○ 우리는 죽음이나 이별을 지극히 큰 단절이자 종료의 순간으로만 생각하기 쉬운데요. 사실 인간은 모두 죽음을 향해 다가가고 있죠. 그런 면에서 작은 이별이 쌓여 언젠가는 큰 이별을 맞이하게 된다는 말이 지극히 적절한 표현이라고 생각해요. 그런 방식으로 죽음을 대비하는 것도 좋은 방법이겠어요. 선생님도 그런 식으로 이별을 쌓아가고 있다고 생각하시나요?

● 저는 정에 굉장히 약해요. 어린 시절, 잠깐 어머니와 떨어져 지낸 적이 있는데 굉장히 고독했어요. 그 후에 제가 돌봐야 할 조카들의 마음에 더 공감할 수 있었던 것 같고

요. 그래서 타인에게 애정이 많이 간 것 같아요. 가족의 분산된 사랑이 타인에게 간 거죠.

○ **선생님에게는 무척 고통스러운 일이었지만, 조카들이나 선생님의 돌봄을 받는 사람에게는 굉장한 축복이었네요.**

● 저희 어머니가 일을 했어요. 아침이 되면 어머니가 출근해야 하니 별수 없이 헤어져야 했어요. 그런 이별들이 마음에 잔상으로 많이 남아 있죠. 그때의 고통이 거름이 되어서 제 마음속에서 생명을 갖고 움직이는 것 같아요. 유년의 경험이나 결핍, 고통이 나쁘지만은 않다는 점을 나이가 들어서 알게 되는 것도 좋아요.

○ 저희 어머니가 불교 신자거든요. 그래서 그런지 평소에 여러 가지 방식으로 복을 짓고 사세요. 분명히 나중에 좋은 일로 돌아올 것이고, 나한테 안 돌아오면 내 자식에게 가고, 아니면 손주들에게 갈 거라는 믿음으로 그렇게 하시는 거죠. 그래서 이번 생에 죄를 많이 지으면 다음 생에 사람이 되지 못한다는 말씀도 종종 하세요. 그런 면에서 저는 다음 생에 복을 받을 수 있는 점수를 많이 못 쌓고 있는 것 같

아요. 반면에 선생님은 나중에 한 나라의 국왕도 될 수 있는 어마어마한 점수를 쌓고 계시는 거네요.

● 꼭 육체노동으로만 복을 짓는 게 아니에요. 글로도 복을 지을 수 있다는 걸 참 많이 느껴요. 그런 말이 있잖아요. "한마디 말로 연회를 만들 수 있다." 그러니까 말 한마디로 천 냥 빚을 갚는다는 말이 어마어마하게 중요해요. 부모와 자식 간에도 중요하고요. 좋은 예술 작품을 만들어서 수많은 사람을 위로하고 감동하게 하는 것도 큰 복을 짓는 길이라고 생각합니다.

○ 선생님이 책에서 부모님과 이별하는 연습을 해야 한다고 하셨는데요. 돌아가시기 전까지 서서히 쇠약해지는 부모님을 보면서 마음의 준비를 하는 것도 그 연습의 일부라는 생각이 듭니다. 한편으로 간병 기간이 너무 길어져서 고단해지면, 돌보는 사람은 육체적으로나 감정적으로 너덜너덜해지기 쉬운데요. 그 상황에서 이별 연습을 좀 더 잘 해낼 방법이 있을까요?

● 힘들다고 느꼈을 때 빨리 앞치마를 벗고 자신만의 특별

한 장소로 찾아가 쉬면서 회복해야 합니다. 친구를 만나는 것도 좋고, 찻집에 가는 것도 좋고, 캄캄한 영화관도 좋고. 부모 돌봄으로부터 오는 피로를 풀 수 있도록 회복탄력성을 갖춰야 해요.

○ **선생님을 처음에 뵀을 때 인상적이었던 게 있어요. 아주 작은 수첩을 가지고 오셔서 우리가 나누는 대화를 끊임없이 기록하시더라고요. 일본 유학 시절에 공부하면서 생긴 습관이라고 하셨죠. 요양보호사로서 더 나은 돌봄을 추구하고, 다른 사람과 돌봄 경험을 공유해서 고립감에서 벗어나기 위해 기록을 계속하고 계시다는 이야기를 《돌봄의 온도》에서 읽었습니다.**

● 수첩에 메모하는 습관은 제가 어떤 부분은 잘 기억하는데 또 어떤 부분은 여러 번 들어도 잘 잊어버리는 걸 깨닫고나서 생겼어요. 도쿄에서 유학하던 시절에는 혼자서 모든 일을 다 처리해야 했어요. 비자도 연장해야 하고, 중간고사와 기말고사 원고도 써야 하고, 아르바이트도 해야 하고, 일본에서 사귄 친구들도 만나야 하니까 매일 메모했지요. 지난 몇 년간 써온 일기장과 여섯 권의 수첩을 보면 재

미있어요. 너무나 많은 사람이 등장했다가 사라지고, 친하지 않았던 사람과 친구가 되기도 하고요. 또 제가 어떤 성장을 모색했는지, 봉사는 했는지 등을 확인할 수 있죠.

○ **그 기록을 여전히 가지고 계시고, 때때로 읽어보기도 하시는지 궁금합니다. 주기적으로 버리고 싶은 마음이 들지는 않으셨어요?**

● 양지 수첩으로 서른 권 정도 가지고 있어요. 버리고 싶은 순간도 있었지만, 아직은 그대로 보관하고 있습니다. 일기도 일본의 다카다노바바에 있는 유명 문방구에서 똑같은 노트를 일곱 권 사서 계속 썼어요. 요즘은 일기는 잘 안 쓰고, 핸드폰 메모 기능을 자주 사용해요. 기록은 내 삶의 나침반이 됩니다. 언행일치할 수 있도록 부단히 노력하는 편인데, 기록이 큰 역할을 해요.

언젠가 제가 요양원에 들어가서 기록을 남기기로 약속한다면 저는 기록을 하기 위해서라도 저를 돌봐주는 요양보호사 이름을 외우겠지요. 노을이 무지 아름다웠다면 저는 거실에서 밤이 되도록 방에 들어가지 않겠다고 떼를 쓰겠지요? 그럼 다정한 요양보호사 선생님은 제가 야경에 심취해서 도시를 내려다보도록 내버려둘 거예요. 저는 실컷 야경을 보다가…. 이렇듯 눈에 보이듯이 말할 수 있는 건 요양원에 있을 때 역할 모델을 많이 보아둔 덕분입니다. 기록의 정의는 학습이 아닐까요? 더 나은 돌봄을 위해서, 돌봄 당사자가 되어보는 연습을 하는 거예요.

○ **본인의 노화를 생각할 때 가장 두려운 점이 있다면 무엇일까요? 저는 치매에 걸리거나 몸을 제대로 쓸 수 없게 되어 타인의 보살핌을 받아야 하는 상황이 가장 두렵습니다.**

● 3년 동안 치매를 앓던 할머니는 새벽에 죽을 드시다 제품 안에서 돌아가셨어요. 며칠 곡기를 끊으셔서 정말 걱정하며 할머니를 지켜보고 있는데 말 그대로 숨을 거두신 거예요. 굉장히 편해 보였어요. 이제 그 많은 자식 걱정도 안 하고, 돈 걱정도 안 하고, 관절염으로 퉁퉁 부은 무릎을 잡은 채 아파하지 않아도 되는구나 하고 생각했어요. 아주 나중에서야 할머니를 충분히 애도한 후 '할머니는 마지막으로 선물을 주시고 떠나셨구나, 죽을 때 그렇게 괴롭지 않구나, 삶의 끝이 아니라 그저 인간이 겪어야 할 주기의 일부분일 뿐이구나'라고 정리할 수 있었어요.

돌보는 일을 하는 사람으로서 저는 뮤즈와 제우스에게 모든 일을 해드리기 위해 노력하는 편이에요. 어느 날, 뮤즈가 저의 노력을 알아줄 때면 제가 아주 소중한 존재가 된 것 같아요. 언젠가 저의 곁에 아무도 없는 날이 올 것이고, 일상생활을 하는 것도 어려워지는 순간이 올 거예요. '그때는 어떡하지?' 하고 질문을 해보면, 간절한 기도의 응답처럼 '나 같은 요양보호사 선생님이랑 재미있게 살면 되지'라는 말이 저절로 나옵니다. 성마른 요양보호사가 제게 오면 그만두겠죠. 저도 요양보호사가 잘하는 한두 가지 일에 만족하고, 모든 걸 다 잘하기를 바라지 말고, 차분히 받아들여야겠지요. 요일별로 계획을 세우고, 약속을 지키도록 노력하면 더욱 좋을 것 같아요.

그다음에는 역시 앞서 이야기한 모리 선생님처럼 기꺼이 아기가 되어주는 거죠. 그것이 돌봄 받는 사람의 보편적인 태도가 되었으면 좋겠어요. 또, 돌보는 사람의 태도는 페드로 알모도바르 감독의 영화 〈그녀에게〉(2023)에서 배울 수 있을 것 같아요. 간호사와 무용수의 이야기인데, 무용수가 갑작스럽게 교통사고를 당해서 코마 상태에 빠져요. 간호사는 무용수의 곁을 떠나지 않고 지켜주죠. 선글라스를 씌워 햇볕을 쐬게 하거나, 음악회에 갔던 이야기를 들려주면서 병실을 마치 우리 집 거실처럼 편하게 만들어요. 환자는요, 들리지 않는 것 같아도 다 듣고 있어요. 피부로도 듣는답니다.

○ 환자는 피부로도 듣는다는 말이 굉장히 인상적입니다. 어떤 영화에서 봤는데 의식을 잃고 식물인간이 된 환자에게 사람들이 찾아와 자신의 다양한 문제를 털어놓는 장면을 본 적이 있어요. 처음엔 그들이 환자에게 위문을 온 것이었지만, 나중엔 어느새 주객이 바뀐 느낌이랄까. 그들이 그 환자에게 정신적으로 의지하는 셈이 된 거죠. 그런 면에서 말하고 들어주는 행위에는 참 대단한 힘이 있는 것 같습니다.

● 참 신비롭죠. 또, 우리가 사랑을 주면 환자들이 꽃처럼 피어날 때도 있어요.

○ 근데 치매 환자들은 잘 못 알아보고, 무슨 말을 해도 금방 잊어버리는 경우가 많잖아요. 오히려 우리가 하는 말을 신경 쓰지 않을 수도 있고요. 보호자들은 그런 상황에 무뎌지게 될 수밖에 없는 것 같아요.

● 그래서 저는 환자를 대할 때 상황극이라고 생각할 때가 있어요. 예를 들어 환자를 남자 친구처럼 대하는 거죠. 그러면 그에 맞춰주세요. 예를 들어 "우리 이제 손을 잡고 식당에 갈까요?" 하면 "오늘은 먹기 싫다" 하실 때가 있어요. 그러면 "우리 커피 어때요?" 하고서 커피를 준비해드리는 거예요.

제가 보살핀 환자 중에 무역 회사에서 아주 오래 일했던 분이 계세요. 당시에 아흔 정도 되셨는데요. 매일 아침 커피를 드시면서 눈을 감고 햇빛을 즐기곤 하셨어요. 아주 자립적이고, 위엄이 있는 분이셨죠. 본인만의 리듬에 맞춰 오전 시간을 보내는 모습이 그렇게 멋지더라고요. 인생의 끝자락은 이렇게 보내야 하지 않을까 싶어요. 생각해보면 결국, 자기 자신이라는 존재만으로 충분해요.

○ 지인들이나 친구들이 나이 드신 부모님을 간병하거나 보살피느라 애쓰는 경우를 많이 봤는데요. 가장 힘든 경우는 젊었을 때 사이가 원만하지 않았거나 어렸을 때 부모님에게 정서적, 육체적으로 학대를 받았던 자식들이 늙고 무력해진 부모님을 보살펴야 할 때인 것 같아요. 그때 느끼는 감정적 상처와 분노를 풀기가 참 쉽지 않다는 걸 알게 됐습니다.

그럴 때 자식이 부모님을 보살피는 것이 맞을까요?

● 《시즈코 상》(아름드리미디어, 2024)이라고 사노 요코 선생님이 쓴 책이 있어요. 어머니를 사랑하지 않은 딸의 이야기인데, '그럼에도 엄마를 사랑했다'라는 부제가 있어요. 10여 년 전에 이 책을 읽지 않았다면 《돌봄의 온도》는 쓰지 못했을 거예요.

어머니에게 고맙다는 말을 듣고 싶은 딸이 있었어요. 그러나 어머니는 절대로 '고마워, 미안해'라고 말하지 않는 사람이에요. 딸은 영원히 듣고 싶었던 말을 듣지 못해요. 그 딸이 바로 저예요. 저는 그동안 남동생의 아이들, 손자까지 돌봐왔어요. 이제 돌봄은 그만하고 싶은데 자식 농사가 어디 끝이 있나요. 마찬가지로 저희 어머니에 대한 원망도 있었어요. 그런데 어머니가 치매에 걸리자 아주 순수한 어린이로 변해버렸죠. 물을 드려도 고맙다고 하시고, 기저귀를 갈아드려도 고맙다고 하시고, 목욕을 씻겨드려도 고맙다고 하세요. 그런 어머니가 할머니가 되었을 때 딸은 얼마나 마음이 아파 엉엉 울었는지 몰라요. 저는 그래서 기도해요. '사랑하고 또 사랑하게 해주세요.' 한 대상을 오래 사랑하고 또 사랑하면 기적이 일어납니다. 그때까지 파이팅.

○ 간병이나 죽음이나 노화에 대해서 우리는 아주 현실적으로만 생각하는 경향이 있잖아요. 선생님의 말씀처럼 인터뷰를 통해 사람들이 기적의 힘을 믿게 되면 이 인터뷰의 목적을 달성한 게 아닌가 하는 생각도 들었어요. 대체로 간병을 고통스러운 일이거나 어쩔 수 없이 해치워야 하는 숙제로 생각하고 있는데, 선생님은 사랑이나 기적, 따뜻한 보살핌으로 생각하시고, 또 그렇게 일하시는 것 같아서요. 덕분에 저도 이전과는 다른 시각으로 보살핌과 노화에 대해 생각하게 됐습니다. "한 대상을 오래 사랑하고 또 사랑하면 기적이 일어난다." 특히 이 말씀을 곱씹을 때마다 마음이 울컥합니다.

○ 이번에는 요양원의 노인들이 죽음을 어떻게 생각하는지 궁금합니다. 물론 각자의 육체적 상태와 인지 정도와 감성에 따라 다르겠지만요. 죽음을 두려워하거나 죽음을 생각하며 불안해하시는지, 아니면 마지막으로 거쳐야 할 삶의 한 단계로 생각하시는지 궁금합니다.

● 제가 치매 환자 일곱 명, 누워서 생활하는 와상 환자 두 명을 뮤즈로 모실 때가 있었어요. 그분들이 불안해하시지

는 않았던 것 같아요. 요양원에서는 죽을 날만 기다리지 않아요. 그곳에도 일상이 있으니까요. 다가올 죽음에 대해서 슬퍼하거나 불안해할 정도로 인지가 있는 것도 아니랍니다. 인지가 있다고 해도 어딘가 초연해 보였어요. 당당함도 있었죠. 시장에서 고생하며 자식을 키운 뮤즈는 자영업을 하는 아들이 아침 문안을 몇 번 빼먹으면 핸드폰으로 전화를 걸어서 이것저것 필요한 것을 주문하셨어요. 지혜로운 분이셨죠. 가끔 아들에게 요양원에서 나가겠다고 협박하는 소리도 밖으로 새어 나왔는데 아드님이 얼마나 머리를 조아리는지 마치 드라마의 한 장면 같았어요. 다들 인생 소풍을 끝내고 떠날 준비를 하시는데 마음의 여유가 있으셔서 그런지 그분들과 함께 있으면 할머니 아홉 분의 사랑을 받는 것 같았지요. 얇은 피부만 남은 손들은 또 얼마나 따스하고 부드러운지….

이런 구체적인 요양원의 풍경이 사람들에게 공유되어야 한다고 생각해요. 죽음을 따로 떼어서 생각하면 막막한데 삶의 한 주기로 받아들이면 그 순간, 주변이 보이고 이타적인 고민이 나타나기 시작합니다.

○ **요양원의 풍경을 공유해야 한다는 말씀이 좋아요. 최근**

에 정신병원을 소재로 한 드라마도 나왔더라고요. 앞으로는 영화나 드라마 등 각종 미디어 매체를 통해서 이런 풍경을 더 많은 사람이 볼 수 있게 하면 좋겠어요. 그러면 노화와 죽음에 대한 두려움을 줄이는 데 도움이 될 것 같습니다. 사회에 큰 기여도 할 수 있고요. 혹시 선생님이 그런 소설을 써보실 생각은 안 해보셨나요?

● 에세이를 쓰다 보면 소설로 자연스럽게 이동하게 되잖아요. 변명같이 들리겠지만 소설을 쓰려면 시간이 많이 걸려요. 저에겐 물리적인 환경이 뒷받침되지 않는 것 같습니다. 소설은 호흡이 길잖아요. 등장인물의 성격을 구상하고 인물 묘사도 하려면 정말 집중해야 하는데, 저의 산만함과 소설이 안 맞아떨어지는 거죠. 그래도 이건 변명일 뿐이고, 쓸 수 있는 사람은 다 쓴다고 생각합니다. 체호프처럼 세 가지 일을 하면서 단편을 쓴 사람도 많죠. 대신 요양원을 소재로 만드는 드라마나 영화에 자문을 할 수는 있을 것 같습니다.

○ 매일 죽음과 대면하는 것은 몸보다 먼저 마음을 지치게 한다고 책에서 쓰셨습니다. 나이 든 여자에게 3교대 근무

노동의 강도가 지나치다는 말씀에도 공감해요. 요양보호사 분들의 연령이 평균 50대 중반이라는 점을 고려해볼 때 맞는 말씀이라고 생각합니다. 그런데도 선생님은 그 힘든 일을 계속하고 계시고, 그걸 글로 써서 또 다른 방식으로 세상을 이롭게 하고 계신데요. 육체적으로나 정신적으로 고된 이 일을 계속할 수 있는 원동력은 뭔가요?

● 현실적인 이유가 있어요. 저는 어머니와 조카 손자를 보살펴야 하는데 노인과 어린이를 돌보는 데는 돈이 많이 들어갑니다. 평생을 'N잡러'로서 일을 하고 또 하는데도 좀처럼 돈이 모이지 않습니다. 그래도 피하기 어려운 짐은 어깨에 지면 된다는 마음으로 하루하루 살다 보니 여기까지 오게 됐네요.

○ **도망치고 싶었던 순간은 없었나요?**

● 그냥 그런 자각이 들었죠. '내가 아무리 열심히 돌봐도 죽음을 막을 수는 없구나.' 그래서 상실감에 빠졌을 때도 있었는데, 영화에서 도움을 받았어요. '죽음을 죽음대로 받아들이면 견딜 사람 아무도 없어, 기적이 일어날 거야, 어

떤 사람은 그냥 '리얼리즘'만 갖고는 살 수가 없겠구나.' 이런 생각을 하면서 어떤 영적인 세계도 넘보게 되는 것 같아요.

○ 그럴 때는 종교에 의지하는 사람들도 있죠. 선생님은 신앙을 갖고 계신가요?

● 고등학교 때 기독교 세례는 받았어요. 그런데 신앙 활동을 열심히 한 적은 없어요. 대신 제 안에 말에 대한 언약이 있고, 그것에 대한 확신은 있어요.

○ 잘 늙는다는 정의에는 언젠가 닥쳐올 타인의 돌봄에 전적으로 의지하게 될 때를 대비하는 것도 포함되어야 한다고 생각합니다. 나를 보살펴줄 사람의 수고를 좀 더 덜어주는 쪽으로 행동하는 일도요. 그런 사람이 될 수 있도록 노력한다는 게 어색하기도 하지만요. 돌봄이라는 것도 인간 간의 상호작용이니까요. 요양보호사의 입장에서 멋지고 본받을 만한 어른인 노인이 있을까요?

● 제가 7년 동안 재가방문한 뮤즈가 한 분 계세요. 남을 평

가하지도 않고, 잘하는 걸 시키고, 못 하는 걸 못 한다고 타박하지도 않아요. 양손이 마비됐기 때문에 여든의 남편이 만든 찌개를 재탕, 삼탕해서 아침으로 드시고요. 자신의 비상금을 세어보기만 하지 쓰지 않는 절약가예요. 그렇게 절약하시면서도 추석에는 수고했다고 꼭 인사를 하며 뭐라도 하나 쥐어주려고 하는 분이에요. 옛 교육을 그대로 지키며 크고 좋은 것은 남에게 먼저 주는 모습이 항상 멋지다고 생각합니다. 속으로 저도 그런 사람이 되어야겠다고 작정하게 되더군요.

○ 조심스럽지만 죽음을 일상적으로 접하다 보면 오히려 죽음에 대해 무뎌질 수도 있겠다는 생각이 들어요. 선생님은 죽기 전에 꼭 하고 싶은 일이 있으신가요?

● 모스크바대학교에 있는 어학원에 가서 연수를 받고 싶어요.

○ 러시아어를 배우고 싶으신가요? 왜 모스크바대학교인가요? 그 소원의 유효 기간은 언제까지일까요?

● 유효 기간을 따로 정하진 않았고, AI가 도와준다면 못할 것도 없다고 생각합니다. 제 문학의 근원은 표도르 도스토옙스키의 《죄와 벌》이었어요. 주인공인 라스콜니코프의 생각에 동화됐거든요. "살 가치가 없는 인간은 죽여도 살인이 아니다"라는 그의 생각에 공감하는 한편, 어떻게 그렇게까지 극단적으로 위험한 생각을 할 수 있을까 하는 화두가 생겼습니다. 그러다 《도스또예프스끼가 말하지 않은 것들》(열린책들, 2011)이라는 시미즈 마사시 평론가의 책을 번역하면서 생각하게 됐어요. 《죄와 벌》의 등장인물들은 다 연민으로 가득 찬 사람들이라는 걸요. 예를 들면, 제일 인상 깊었던 사람은 마르멜라도프예요. 딸이 몸을 팔아서 번 돈으로 술을 마시는 아버지죠. 그러면서 이렇게 얘기하죠. "난 살아 있어도 죽은 거나 다름없지." 산 사람이 죽은 거나 다름없이 사는 사람 마음은 어떨까 궁금했어요. 대체, '죽으면 죽고 살면 살지, 살아 있어도 죽은 것과 다름없다니? 대체 그건 뭐지' 하는 마음이요.

그런 소설을 읽어냄으로써, 제 삶에서 어떤 힘이 생겼어요. 제가 운영하는 밴드에서도 누군가 "우리 엄마가 욕창으로 너무 힘들어하세요" 하면 또 누군가는 "우리 엄마도 욕창으로 고생하고 계세요, 힘드시죠?" 말하고, 또 누군가는 "우리 엄마는 수술을 마치고 힘들다 하시네요" 말해요. 서로 공감해주면서 비슷한 아픔을 공유하면 힘든 것도 이겨낼 수 있고 어느 정도 공감 형성도 되면서 위로도 받을 수 있어요. 《죄와 벌》이란 소설에 나오는 인물들의 고난을 현실의 우리와 비교해보면 우리의 고통은 '짬'도 안 될 때가 많거든요.

○ **한국인들은 '노후 대비'에 대해서 말할 때 항상 돈을 얼마큼 모아두거나 써야 한다는 식의 경제적인 측면만 집중해서 보는데요. 정신적인 노후 대비에 대해선 어떻게 생각하세요? 행복하고 평화로운 노후를 위해서 정신적으로 길러야 하는 힘이나 습관이 있을까요?**

● 몸의 변화에 솔직해야 해요. 지팡이도 들고 다닐 기운이 있을 때 연습하세요. 지팡이 없이 걷기 힘들어질 때 처음 들면 무겁거든요. 바지가 불편하다는 이유로 요실금 팬티를 안 입는다면 그건 삶의 질을 떨어뜨리는 거예요. 산책하며 계절이 지나가는 것을 보고 느껴보세요. 제철 음식을 챙겨 먹으며 장을 편하게 해두면 아무것도 두렵지 않은 평화가 오지요.

○ 선생님은 번역가이자 작가이시잖아요. 요양보호사 일과 식구들을 보살피는 일이 선생님의 작품 세계에 어떤 식으로든 영향을 미쳤다고 생각하시나요?

● 두 가지 일 덕분에 삶의 루틴을 잘 만든 것 같아요. 요양보호사로서 경제활동은 하루에 3시간은 하고 있어요. 가족 돌봄으로 엄마를 돌보고, 저녁에는 학교에서 돌아온 손자의 끼니를 챙겨주고 숙제를 봐주는 일상이 기본이에요. 그러다 지방 강의라도 며칠 잡히면 남동생과 조카딸이 저를 대신해서 할머니 돌봄과 아이 돌봄을 해주니 제가 사회 활동이 가능하게 되었지요.

남는 시간에는 책을 읽고 또 읽어요. 그러다가 어느 날 글을 쓰고 싶을 때 써요. 보통 2만 자 정도 써야 손목이 풀리는 것 같아요. 제가 다녔던 문예학과에서도 한 학기에 2만 자는 썼거든요. 그게 몸에 배어서 그런 것 같습니다.

○ 선생님에게는 독서와 글쓰기가 일상을 버틸 힘이 되어줬군요. 글을 쓰실 때는 일정 분량을 정해놓고 매일 쓰시나요?

● 삶이 고단할 때는 매일 쓰게 되더라고요. 그런데 생활이 어느 정도 안정되고, 그냥 쓰기만 하는 생활이 계속되니까 어느 순간 읽어야 한다고 생각했습니다.

○ **일종의 주기가 있는 것 같네요. 쏟아내는 시기가 있고, 채우는 시기가 있고요. 최근엔 어떤 책을 읽고 있으신가요?**

● 이 인터뷰를 대비해서 인터뷰 참고 문헌을 읽고 있습니다(웃음). 김지수 기자님의 《위대한 대화》(생각의 힘, 2003)를 읽고 있어요.

인터뷰 도중 유년 시절의 마음 아픈 기억이 떠올랐을 때면 이은주 선생님은 눈시울을 붉히면서 눈물을 뚝뚝 흘렸다. 반면에 돌봄 노동의 육체적 고단함과 심적 부담에 대해서 내가 질문을 퍼부었을 때는 특유의 호쾌한 면모와 단단한 내공을 보이기도 했다. 선생님이 소셜 미디어에 올리는 돌봄의 일상을 읽는 사람들이 많은데 한번은 구독하는 친구가 내게 이런 말을 한 적이 있었다. "이은주 선생님이 훌륭하시고 대단한 일을 하고 계신 건 아는데, 그분의 일상을 읽다 보면 내 마음이 힘들어지기도 해." 나는 그 말이 무슨 뜻인지 이해할 수 있었다. 내가 그랬듯이 그 친구도 두려웠던 것이다. 피부로 느껴지기 시작하는 부모의 노화와 점점 줄어드는 나의 체력, 그것들을 의식하다 보니 생긴 두려움이었다. 나도 마찬가지로 비슷한 두려움을 품고 있었지만, 이 인터뷰 덕분에 두려움의 두께가 좀 얇아진 느낌이 들었다.

최근에 읽은 한 소설에서 시시포스의 노동을 하는 사람들에 대해 묘사한 부분이 마음에 남았다. 시시포스의 노동을 지겹고 힘들다고만 생각하면 우리의 인생이 지겹고 힘들어진다는 내용이었다. 하지만 매일 똑같은 노동이 반복되더라도 그것을 새로운 각도에서 조명하고 매번 다른 경험으로 의식하면, 그 고통의 무게는 달라진다는 것이다. 아니, 적어도 그 고통의 빛깔은 달라질 것이라고 했다. 어쩌면 돌봄 노동을 프로메테우스의 신화와 연결한 이은주 선생님의 말씀과도 일맥상통하는 이야기가 아닐까 싶었다.

이후 자료 조사를 하면서 이은주 선생님과 인터뷰 중에 나온 '강아지 로봇'에 대한 흥미로운 사실을 알게 됐다. 일본의 기업 소니는 1999년에 동반자라는 뜻을 가진 '아이보'라는 이름의 강아지 로봇을 출시했다. 몸무게가 1.6킬로그램이 나가는 아이보는 짖기도 하고 앉기도 하고 오줌 누는 시늉도 하면서 사랑을 많이 받았다. 하지만 소니는 2006년에 아이보 생산을 중단했다. 수리 서비스는 계속 이어졌지만 이마저도 결국, 2014년에 중단하고 말았다. 얼추 15만 대 이상이 팔린 것으로 추산되는 아이보는 결국 수리받지 못한 채 망가져 갔고, 마침내 더는 수리할 수 없는 아이보를 위한 장례식이 열렸다고 한다. 아이보의 장례식은 어떤 모습이었을지 궁금하기도 했다. 강아지 로봇마저 죽음을 피해 가지 못한 것이 어쩐지 아이러니하게 느껴졌다.

한 대상을 오래 사랑하고
또 사랑하면
기적이 일어납니다.

2부

잘 사는 사람이
잘 죽습니다

장례지도사 유재철

죽음에는 세 가지 종류가 있다고 생각합니다.
'당하는 죽음' '받아들이는 죽음' '맞이하는 죽음'
이렇게 세 가지요.
가장 좋은 경우는 맞이하는 죽음입니다.

_____

_____

죽음도 살아 있을 때 자주 생각해서
받아들이고 준비해야 잘 죽을 수 있고,
태도도 정립되는 거죠.
갑자기 죽으면 아무것도 할 수 없잖아요.
미리 준비해야 합니다.

잘 산 사람이 잘 죽는다는 겁니다.
치열하게 사는 사람이 잘 죽지,
흐지부지 사는 사람은 흐지부지하게 죽습니다.

유재철 선생님의 사무실에 들어갔을 때 가장 먼저 눈에 들어온 건 책상 오른편에 있는 작은 제단이었다. 선생님의 조상님들을 모신 약식 제단이며, 아침마다 거기서 예를 올린다는 이야기를 듣고 '역시!' 하고 무릎을 쳤다. 작지만 아늑한 사무실에서 책상을 마주하고 앉아 선생님과 한국식 장례에 대해 깊이 이야기를 나눴다. 선생님이 직접 염을 해서 장례를 치른 역대 대통령들을 비롯한 수많은 사람의 죽음과 그 이후 예식에 대해 듣는 경험은 아주 특별했다. 유재철 선생님은 다양한 표정을 보였다. 때로는 웃고, 때로는 과거로 돌아간 듯 아득한 눈빛으로 허공을 바라보았다. 때로는 진지함을 넘어 심각한 표정으로 나를 응시하기도 했다. 오랜 세월 장례 전문가로 살아온 선생님은 자신의 삶과 장례에 대한 이야기를 들려주었다. 그 이야기는 잊을 수 없을 만큼 흥미롭고 신비로운 것들로 가득 차 있었다.

○ 선생님이 쓰신 《대통령의 염장이》(김영사, 2022)라는 책을 아주 감명 깊게 읽었습니다. 장례를 치를 때 고인이나 유가족이 믿는 특정 종교가 있다면 그에 따라 의식을 치르겠지만, 종교가 없는 분들은 전통 장례 의식을 따르게 될 텐데요. 책을 읽다 보니 한국 장례식의 근간에 불교가 자리 잡고 있다는 느낌을 받았습니다. 한국의 전통 장례 의식과 불교가 밀접한 관련이 있는지 궁금합니다.

● 한국의 장례식은 유교와 불교의 전통이 섞여 있습니다. 원래 전통적인 장례식장은 절이었어요. 그런데 조선시대에 들어서면서 유교가 지배 이념이 되었잖아요. 그렇다고 조상 대대로 내려오는 장례 절차에 유교 예법만 강요할 수는 없으니 적당히 섞어서 치렀고, 그렇게 만들어진 의식이 지금까지 내려온 겁니다. 무엇보다 유교에는 사후세계라는 개념이 없어서 유교 장례 의식을 구성하기가 어려웠거든요. 제가 대학원에 다닐 때 장례 의식과 불교를 분리해보려고 시도했는데 잘 안 되더라고요.

현대인의 장례는 각자 믿는 종교가 다르니 고인과 유가족에게 맞춰 치러야 하는 게 당연해요. 제가 불교 신자라고 해서 불교식 절차를 강요할 순 없죠. 다만 한국 장례식에서

삼일장 등 대부분 절차는 종교와 상관없이 다 똑같습니다. 그 사이사이에 고인이나 유가족이 기독교 신자라서 예배를 본다고 하시면 그때만 잠시 저희가 자리를 비켜드리는 식이죠.

○ **선생님은 원래부터 불교를 믿으셨나요, 아니면 이 일을 하면서 불교를 믿게 되신 건가요?**

● 저희 어머니가 절에 열심히 다니셨어요. 불교를 믿기 전에는 동네 무당을 불러서 굿도 많이 하셨어요. 어머니가 돌아가실 뻔한 적이 세 번이나 있었는데, 그때마다 스님이 살려주셨대요. 그 계기로 절에 다니시기 시작한 거죠. 그래서 저도 어려서부터 불교의 영향을 많이 받고 자란 셈입니다.

○ **장례식에 갈 일이 그리 많지 않다 보니 조문 예절도 헷갈리는 경우가 많은 것 같습니다. 친구 어머님의 장례식에 간 적이 있는데 전라도에서는 분향대에 향을 꽂는 절차가 서울과 조금 다르더라고요. 그래서 친구에게 핀잔받았습니다. 검은 옷을 입는 것 말고 식장에서 지켜야 할 일반적인 절차**

나 예의가 있을까요? 예를 들어 꽃을 바치거나 향을 피우는 방법을 이번 기회에 확실히 알 수 있으면 좋겠습니다.

● 1994년, 제가 서른여섯에 장의사 일을 시작했을 때 업계 선배들은 다 50대에서 70대였어요. 서울에는 전국 장의사들이 다 올라와 있는데 지방마다 풍습과 절차가 달라요. 제가 20여 년 전쯤 동국대학교 전 총장님을 만났을 때 이 문제로 답답해서 말씀드렸더니 2000년도에 동국대학교 불교대학원에 생사문화 산업학과 석사과정을 만들어주셨죠. 그보다 이전인 1999년에는 을지대학교에 장례지도과가 생겼고요. 요지는 전국 장의사들이 장례를 다 다른 방식으로 치르니까 상주들도 다르게 한다는 말입니다. 시간이 흐르고 대형 상조 회사들이 생기면서 장례 예절을 어느 정도 정리하긴 했어요.

조문을 가서 꽃을 어느 쪽에 바치느냐에 대해서는 고인이 꽃향기를 맡을 수 있도록 분향소 쪽으로 돌려서 놓습니다. 과거 최규하 전 대통령의 장례식을 치를 때 전국에 설치한 분향소에 행정안전부 직원들과 장례 전문가들과 같이 의논해서 그런 지침을 내렸습니다. 향의 불꽃은 입으로 불어서 꺼트리면 안 되고, 손가락으로 누른 뒤 향로에 꽂아야 한다는 규칙도 있습니다. 그런데 사실 이런 규칙들은 다 부질없습니다. 장례를 다룬 고전이나 원전에도 이런 세세한 규칙은 없어요. 그저 정중하게 올린다고만 나오죠. 과일 놓는 순서도 나와 있지 않습니다. 그 계절에 나오는 과일을 놓으면 됩니다. 그러니 절차에 너무 얽매이지 않아도 됩니다. 고인에 대한 예를 갖춰 공손하게 하면 됩니다.

○ **오래전에 제 친척분을 납골당에 모신 적이 있어요. 그때 화장장에서의 기억이 그다지 좋지만은 않았습니다. 자세히는 말할 수 없지만 다비**茶毘 **의식[1]을 행했다면 어땠을까 싶어요. 고인에 대한 예를 잘 갖추고 행했다면 좋았을 텐데, 그러지 않았어요. 속상했던 기억이 있습니다. 그런데 선생님의 책을 읽어보니 다비 의식을 행할 수 있는 절이 점점 늘어나고 있다는 사실을 알게 되었어요. 다비를 할 수 있는 구체적인 방법을 알려주신다면요.**

● 대한민국에는 화장장이 약 60여 개 정도 있습니다. 화장할 때는 여기 가서 해야 합니다. 화장장이 많지 않기 때문

---

[1] 불교 의식에 따라 화장하는 불교 장례 의례를 의미한다.

에 2시간 간격으로 화장이 진행됩니다. 그래서 매우 복잡하고 분주하죠. 반면 일본에는 화장장이 1,700개 있어서 하루에 한두 번 정도 화장한다고 합니다. 그런데 대통령령으로 정해진 두 가지 예외가 있어요. 화장 시설이 없는 섬에서 시체를 화장할 때 다비 의식을 행하는 겁니다. 바닷가에 장작을 쌓아놓고 화장을 한 역사가 길다고 하더군요. 또 한 가지는 사찰 경내에서 다비 의식으로 화장하는 경우가 있습니다.

제 회사에서는 12년 동안 다비 의식을 맡아서 했습니다. 스님과 일반 신도도 다비로 화장한 경우가 많고요. 그래서 전국에서 행하는 다비 중에 저희 회사가 90퍼센트 정도를 맡아서 하고 있습니다. 이 분야의 전문가인 셈이죠. 태풍 정도가 아니면 비가 와도 다비 의식을 할 수 있습니다.

○ 책에서 장례 절차를 생전에 미리 생각해두라는 내용이 아주 인상적이었는데요. 제 장례식은 그렇게 할 수 있지만, 어머니가 걱정입니다. 연로하신 어머니에게 장례 절차를 미리 생각해보자고 말씀드리면 분명 노여워하실 게 뻔해서요. 부모님의 장례 절차에 대해 일상에서 자연스럽게 의논할 방법이 있을까요?

● 죽음에는 세 가지 종류가 있다고 생각합니다. '당하는 죽음' '받아들이는 죽음' '맞이하는 죽음' 이렇게 세 가지요. 가장 좋은 경우는 맞이하는 죽음입니다.

제가 장례를 치른 분은 아니지만, 한국 미용계의 대부셨던 그레이스 리의 《오늘이 내 삶의 클라이맥스다》(김영사, 2009)를 읽고 감명받은 적이 있어요. 그분은 "내가 죽으면 제사 지내지 말고 생일에 만나듯이 해. 장례식 때 좋은 옷 입고 와서 탱고 음악 틀어놓고 맛있는 음식 먹으면서 실컷 웃어"라고 하시며 장례식을 기획하셨어요. 정말 멋지게 죽음을 맞이한 분이었다고 생각합니다.

제가 25년째 전국을 돌며 강의를 하고 있습니다. 요양보호사나, 호스피스에서 일하는 의료인들의 수료식에서 죽음과 관련된 강의를 해요. 보통은 구체적인 장례 절차를 설명하는 경우가 많습니다. 그런데 제가 25여 년 전에 처음으로 죽음 체험 행사를 진행했어요. 강의실에 관을 갖다 놓고, 수료식에 오신 분들에게 들어가게 했어요. 그때는 잘 안 들어가려고 하셨는데, 요즘은 곧장 들어가보세요. 이제는 사람들의 인식이 많이 바뀌었습니다. 그러니 부모님에게도 말할 수 있는 때가 된 거죠. 조심스럽게 말을 꺼내보셔도 되지 않을까요?

○ 저희 어머니가 자신이 생을 마치면 시신을 의대에 기증하고 싶다고 하신 적이 있습니다. 하지만 저는 어머니의 뜻을 온전히 따르기 힘들 것 같아요. 어머니도 기증과 화장 사이에서 마음이 오락가락하시는 듯한데, 전문 장례지도사로서 시신 기증에 대해 어떻게 생각하시는지 궁금합니다.

● 저는 죽음이 혼백魂魄이 분리되는 일이라고 생각하고 있습니다. 주인공은 '혼魂'이고 '백魄'은 빌려 쓰는 물건에 지나지 않습니다. 훌륭한 사람의 시신이라고 해도 계속 두고 보관하지는 않잖아요. 필요한 장기가 있다고 한다면(사망 후 최대 8시간 안에) 기증하는 건 의미 있는 일이라고 생각합니다. 또 다른 경우로 해부용 시신을 기증한다고 하면 그것도 당연히 의미가 있는 일이고요. 어머니가 그런 말씀을 하셨다면 보통 대단한 분은 아니신 거잖아요. 어머니는 맞이하는 죽음을 원하는 분이시니 고인의 뜻을 따라야죠. 장례를 치르면서 제일 보기 싫은 경우는 부모님의 뜻을 거부하고 자기 마음대로 하는 자식을 볼 때인 것 같아요.

○ 장례 일을 하시니 인간의 영혼에 대해 자주 생각하게 되실 텐데요. 책에도 '영가靈駕'라는 단어를 자주 쓰셨고요. 선

생님이 첫 장례를 치러드린 고인이 꿈에 나왔다는 이야기도 하셨죠. 사람이 죽으면 그 영가는 다른 세상으로 간다고 생각하시나요?

● 평소에 이런 생각을 많이 합니다. '나는 어쩌다 이렇게 대통령의 장례를 여섯 번이나 치르게 됐을까?' '어쩌다 법정 스님이나, 큰 스님들의 장례를 치르게 됐을까?' 생각해보면 제가 영가와 인연이 있어서 이런 일을 하게 된 것 같습니다. 영가가 저를 선택해서 장례를 맡아달라고 한 경우도 있었을 것 같아요.

믿기 어려우실 수도 있지만 저는 어렸을 때 체외이탈, 그러니까 살아 있을 때 영혼이 빠져나가는 경험을 여러 번 겪었어요. 예를 들어 기마전을 하다가 높은 곳에서 떨어져서 기절했는데, 내 영혼이 내 몸을 보는 경험을 했죠. 제가 어렸을 때 부모님에게 제 전생에 대한 이야기도 했대요. 지금은 다 잊었지만 말이죠. 저보다 두 살 많은 둘째 형이 제가 초등학교 2학년 때 세상을 떠났어요. 그래서인지 어렸을 때부터 죽음과 영혼에 대해 많이 생각했고, 그것이 제가 하는 일에 크게 도움이 됐습니다. 염을 할 때도 영혼이 아직 육신을 안 떠났을 수도 있으니 말조심하는 거고요. 그런 식으로 조금이라도 더 최선을 다하는 제 모습을 영가들이 알고 저에게 오는 게 아닌가 하는 생각을 합니다.

○ **영가와 영혼靈魂이 같은 용어인가요?**

● 비슷한 의미를 띠고 있지만 약간의 차이가 있습니다. 영혼은 인간의 정신적 존재, 실체를 의미해요. 영가는 주로 불교에서 많이 사용하는 용어인데, 고인의 영혼을 부르는 말입니다.
예전에 제 책과 인터뷰를 보고 저를 만나러 오신 분이 있었어요. 시신 염하는 자원봉사를 하기 위해 견학을 오셨는데, 그 이후에 그 여자분이 한 달 동안 정신을 차리지 못하셨어요. 고독사한 분의 영이 그분에게 붙은 거예요. 그럴 때 퇴마사는 억지로 고인의 영을 산 사람에게서 떼어내는데, 절에서는 스님들이 영을 달래는 방식으로 대처합니다. 망자에게 '당신은 여기가 아니라 저쪽 세계에 있어야 한다'라고 어르고 달래서 가마(상여)에 태워 보내죠. 원래 가마는 신분이 귀한 분이 타는 거니까 돌아가신 분을 귀하게 대접하는 의미가 있다고 봅니다. 그런 일련의 일을 겪은 후에 저는 영혼이 아니라 영가라고 씁니다.

○ **그럼 퇴마사도 믿으시겠네요?**

● 그럼요. 요즘은 풍수 공부도 하고 있습니다.

○ **풍수 공부는 왜 하시나요?**

● 염하는 일은 횟수와 경력에 따라서 등급을 나누고 관리하는 면이 있어요. 그런데 풍수 판에서는 경력도 없는 사람이 잘난 척하면서 선량한 사람들에게 사기를 치는 경우를 보고, 이건 아니다 싶어서 공부를 시작했죠. 요즘은 장례를 치를 때 화장을 매장보다 훨씬 많이 하는 편입니다. 화장이 90퍼센트이고, 매장은 10퍼센트 정도예요. 매장을 택하는 이들은 집안이 넉넉한 경우가 많고, 그들에게 풍수는 신앙입니다. 그런 사람들에게 사기를 치면 안 되니까 제가 정식으로 배우는 겁니다.

○ **바뀌었으면 하는 장례 관습이 있을까요?**

● 영정사진에 검은 띠를 두르는 건 없애면 좋겠습니다. 이 풍습은 일본에서 시작했는데, 검은 띠를 하면 웃는 얼굴도

우는 것처럼 보입니다. 그런데 최근에 일본에서 한 장례 박람회를 가보니 일본에서는 이제 사진에 분홍색 띠를 두르고 꽃을 달더라고요. 풍습 자체가 바뀐 거죠. 제가 2006년에 최규하 전 대통령의 장례식을 치른 후 다른 국가들의 장례 풍습을 찾아봤는데 사진에 검은 띠를 두르는 나라가 많지 않습니다. 게다가 요즘은 영정사진을 웃는 얼굴로 하는 분들도 많잖아요. 그러니 띠를 두르지 않았으면 합니다.

다음으로 장례식에서 완장 차는 풍습도 없애면 좋겠습니다. 한국에는 건전 가정의례 준칙이 있습니다. 그런데 거기에 완장 차라는 내용은 없거든요. 그래서 제가 완장을 빼고 가슴에 베 리본을 다는 식으로 상장喪章을 바꿨습니다.

장례에는 두 가지 기능이 있어요. 하나는 고인을 안치하는 일이고, 또 하나는 고인과의 관계 정리가 있습니다. 대통령의 경우에는 영결식과 추도사, 조사 같은 형식으로 사회적인 관계 정리를 합니다. 그런데 제 생각엔 대통령이 아닌 우리 같은 사람들도 가능하면 살아 있을 때 이별식을 해보고, 떠나기 전날 밤에는 애도식을 하면 좋겠습니다. 장례식이니 그만의 의식이 있었으면 좋겠습니다. 장례식장에 가면 그런 의식을 할 수 있는 공간이 있어요. '영결식장'이라고 생각보다 비용도 매우 저렴합니다.

○ 죽음을 맞이하는 좋은 태도로 무엇이 있을까요?

● 죽음도 살아 있을 때 자주 생각해서 받아들이고 준비해야 잘 죽을 수 있고, 태도도 정립되는 거죠. 갑자기 죽으면 아무것도 할 수 없잖아요. 미리 준비해야 합니다. 그래야 맞이하는 마음도 생기고요. 결론은 잘 산 사람이 잘 죽는다는 겁니다. 치열하게 사는 사람이 잘 죽지, 흐지부지하게 사는 사람은 흐지부지하게 죽습니다.

○ 장례지도사로서 경험해보신, 죽음에 대한 사람들의 편견이 있을까요? 생각해보면 저도 장례식장에 다녀오면 어머니가 소금을 뿌려주셨어요. 이런 관습 역시 없어져야 할 편견이라고 생각하시나요?

● 저희 어머니가 한참 굿을 하실 때는 그렇게 소금을 뿌리셨는데, 절에 다니신 이후로는 그러지 않으세요. 불교에서는 영가를 두려워해야 할 대상이 아니라, 불쌍하고 안된 존재라고 생각합니다. 고인이란 구천九泉[2]을 떠도는 존재잖아

---

2 죽은 뒤에 넋이 돌아가는 곳을 이르는 말이다.

요. 소금을 뿌리는 등의 관습은 죽음을 두려워하는 마음에서 비롯된 편견입니다.

예를 들어 '상갓집을 다녀오면 우리 집에 제 있으면 안 된다'라는 풍습이 있어요. 그러니 명절에 누가 돌아가시면 장례식장이 썰렁해요. 반면에 천주교나 기독교는 그런 풍습이 없어서 언제든 장례식을 치를 수 있습니다. 그러니 합리적으로 생각하시면 됩니다. 어느 정도 기준은 필요하겠지만, 일반적인 상식을 벗어나서는 안 된다고 생각합니다. 그런 편견은 바꿔야죠.

○ 고인의 발을 보면 고인이 평소에 자기 관리를 얼마나 잘했는지 알 수 있다는 말씀이 인상 깊었습니다. 대체로 발까지는 신경이 잘 미치지 않잖아요. 그렇게 살아 있을 때 고인이 신경 쓰지 못했던 육체를 장례지도사님이 정성껏 씻기고 정리해주신다는 이야기에 큰 위로를 받았습니다. 그걸 보고 선생님이 인간에 대한 애정을 지니신 분이라는 생각도 들었고요. 최근에 장례지도사에 대한 관심이 많아졌다고 해요. 이 직업을 꿈꾸는 이들이 갖춰야 할 정신적 자세나 태도는 무엇이라고 생각하시나요?

● 돈 벌 사람은 이 일을 하면 안 된다는 겁니다. 물론 돈도 벌어야 하죠. 하지만 돈이 먼저인 사람은 안 된다는 겁니다. 영가에게 잘하면 영가들이 도와주더라고요. 그리고 또 유가족들이 지켜보면서 나의 정성을 알아주고요.

사실 저는 인간에 대한 애정을 가진 사람이 아니었습니다. 이 일을 하면서 바뀌었어요. 고인에 대한 예의를 갖추기 위해서 정성껏 일하게 됐고, 이 일을 하면서 인간이 된 셈입니다. 저는 어렸을 때 독종이라는 소리를 많이 들었어요. 셋째 아들이라는 위치 때문에 부모님의 관심을 받기 위해서 애도 많이 쓰고, 형제들 틈바구니에서 어떻게든 살아남으려고 애썼죠. 이 일을 하기 전에는 다른 사람을 생각하거나 배려하는 성격이 아니었습니다. 장례지도사가 되면서 고인을 보고, 상주들을 보고, 그들을 이해하고 맞춰주면서 인격이 성숙해진 거죠.

○ **죽을 때 가장 마지막으로 닫히는 감각이 청각이라고 하죠. 그렇기에 고인 앞에서 말조심하신다고요. 그렇다면 고인 앞에서 할 수 있는 가장 좋은 마지막 말은 '사랑한다'라는 말일까요?**

● 저는 유가족에게 일부러 시간을 줍니다. 고인에게 옷을 다 입히고 단장하고 빗질하고 로션도 발라드린 다음에 가족들이 고인을 대면하게 합니다. 자식들에게 고인의 얼굴에 손을 대고 하고 싶은 말을 하라고 합니다. 팔다리도 만져드리라고 하고요. 그러면 다들 하는 말이 "…할걸"이더군요. 대부분 후회하는 말인 것 같아요.

○ **영화 〈파묘〉를 촬영할 때 전문 상담을 해주셨던 걸로 압니다. 여러 가지 해석이 있기는 하지만 〈파묘〉는 '명당'에 대한 한국인들의 애착을 보여주는 영화라는 생각도 들었는데요. 수많은 장례를 처러오신 선생님은 명당을 쓰면 자손들이 대대손손 복을 받는다고 믿으시나요? 선생님은 순리대로 살아야 복이 온다고 하셨지만, 또 한편으로 그런 풍수가 우리 인생에 영향을 미칠 수 있는지 궁금합니다.**

● 명당이 대대손손 복을 가져다준다고 믿습니다.

○ **선생님도 나중에 명당에 묻히고 싶으세요?**

● 그렇습니다. 법륜 스님이 해주신 이야기가 있어요. 어떤

할머니가 기도를 몇 달 동안 열심히 하시더니 갑자기 얼굴이 환해지셨대요. 그래서 어떻게 기도하셨냐고 물었더니 '나무짚세기불, 나무짚세기불' 하고 외우셨대요. 제대로라면 '나무아미타불'이지만, 말이 아니라 마음이 중요하다는 걸 말해주는 사례죠. 명당이라는 게 중요한 게 아니라 묘를 잘 보살피고 가꾸는 자손들의 마음이 중요한 거죠. 그렇게 하면 조상님을 통해서 복이 나온다고 생각합니다. 그렇게 잘 가꾼 산소들을 가보면 마음이 편안하고 좋더라고요. 그곳이 바로 명당이고요.

○ 사람 일은 운만으로는 되지 않는다고 책에도 쓰셨죠. 실제로 여러 대통령과 큰 스님의 마지막 길을 지켜주셨잖아요. 항상 조사하고 연구하고 준비하시는 면모에서 큰 감동을 받았습니다. 또 한편으로 장례지도사가 되기 전에 여러 직업을 거치셨다고요. 장례 업무를 하시면서 천직이라는 걸 느끼셨다는 점도 인상 깊었어요.
선생님 덕분에 화장과 수목장뿐 아니라 빙장이라는 장례 방식을 알게 돼서 좋았는데요. 빙장을 우리나라에 들여오려 노력하셨다고 들었습니다. 빙장이 무엇인지 자세히 설명해주시겠어요?

● 20여 년 전에 동국대학교에서 강의를 했어요. 그때 다양한 사람이 그 강의를 들으러 왔습니다. 그중에 영어를 잘하는 친구가 있었어요. 저와 수강생들이 장례 관련 내용을 공유하던 인터넷 카페가 있었는데, 그 친구가 외국의 장례 자료를 그 카페에 올린 거예요. 그 자료에 '빙장氷葬'이 있었죠. 그래서 그걸 보자마자 그 친구에게 빙장을 해보자고 제안했죠. 빙장은 시신을 급속 냉동시켜 분해하는 장례 방식이에요. 관에 있는 시신을 영하 18도에서 냉동시킨 뒤 탱크 안에서 영하 196도에서 액화질소처리를 하고 진동을 가해 작은 입자로 부수고, 다시 수분과 금속 등을 걸러내죠. 그렇게 약 100킬로그램 시신이 20~30킬로그램 정도의 분말로 남게 됩니다. 그 성분은 다 단백질이에요. 나무에 뿌리거나, 나무 밑에 심는 거죠. 빙장은 나무에게 도움이 되고, 친환경적인 방식입니다. 화장은 2시간 동안 시신 한 구를 태워요. 그러면 유해가스가 나오죠. 빙장은 이론상으로는 30분에 한 번씩 시신을 분해할 수 있어요. 환경에도 좋다고 하고요. 그런데 아직 상용화는 안 됐습니다. 아이디어 형태로만 있어요. 그때 외국에서 도입하려고 했지만, 쉽지 않았죠.

○ 장례 방식을 계속 연구하고 개발하고 도전하시는 모습이 인상적입니다. 원동력이 무엇인가요?

● 처음에 공부할 때 지금으로부터 10년, 20년이 지나면 화장률이 계속 높아질 거라고 주장한 교수님의 강의를 들은 적이 있어요. 그때만 해도 사람들이 화장을 기피하는 편이었기 때문에 다들 그 교수님을 비웃었죠. 하지만 저는 그분의 아이디어가 마음에 들어서 직접 찾아갔어요. 그랬더니 그분이 제가 스님들을 많이 알고 있고, 아직 규제도 없을 때이니 절을 찾아다니면서 납골당과 수목장을 알아보라고 조언을 해주셨어요. 그때 화장이 사업이 된다는 걸 알았고, 실행에 옮겼죠. 그런 식으로 실행을 빨리하는 편입니다.

○ 장례지도사 일을 시작하신 후, 삶과 죽음에 대한 가장 큰 교훈은 무엇이었나요?

● 누구나 죽는다는 겁니다. 돌아가시는 모습을 다양하게 접하다 보니 배우는 게 많아요. 돌아가신 분들이 제 스승이 되는 경우도 많고, 인상 쓰고 돌아가신 분에게도 배우고, 편안하게 돌아가신 분도 스승이 되고요. 무엇보다 맞이하

는 죽음이면 좋겠어요. 저희 장모님의 장례식처럼 떠나시기 전에 작은 영결식이라도 하면 좋겠어요. 사람이 떠나면 남는 건 추억을 이야기하는 것밖에 없는 것 같습니다. 그런 의식을 통해 삶이 풍성해지고, 죽음도 풍성해지는 겁니다.

○ **새벽에 일어나면 고인들을 위해 기도한다고 하셨는데, 요즘에도 하시는지 궁금합니다. 이미 세상을 떠난 사람들을 위해 기도하는 것도 효력이 있을까요?**

● 예전에 멕시코를 배경으로 한 디즈니 애니메이션 〈코코〉를 봤는데 정말 좋았어요. 자신을 기억해줄 사람이 아무도 없으면 잊히는 거잖아요. 멕시코처럼 '죽음의 날'을 한국에도 도입하고 싶더라고요. 한강 작가가 말했듯이 죽은 사람이 산 사람을 구원하는 거죠.
그런 식으로 부모에 대한 감사한 마음이 조부모에 대한 감사한 마음으로 이어지고요. 그렇게 계속 감사하는 마음이 이어져서 그들을 위해 기도하게 됐습니다. 당연히 고인을 위해 하는 기도도 효력이 있다고 생각합니다.

○ **외국인 불법 체류자의 죽음에 관한 이야기를 읽고 충격**

을 받았습니다. 생각해보니 한국에서 일하는 외국인 노동자들도 많고, 그들이 사고를 당한 경우도 많은데 왜 그들의 장례에 대해선 생각하지 못했는지 죄송스럽더라고요. 시신에 '엠바밍Embalming'을 해서 고국으로 송환한다는 이야기도 참 슬펐고요. 그럴 때는 마음이 참 안 좋으실 것 같다는 생각이 듭니다.

● 2002년에 미국에 가서 엠바밍을 배웠어요. 엠바밍은 시신에 방부 처리를 하는 거예요. 대학교에 가서 장례를 배우고 있는데 교수님이 미국에선 엠바밍을 한다고 하셔서 그때 그런 게 있다는 걸 처음 알았어요. 앞으로 한국에도 엠바밍이 도입될 것 같더군요. 그래서 제가 그걸 배우러 미국에 연수 가자고 주선해서 동료들을 열다섯 명 정도 모았어요. 그 시절에 몇백만 원을 들여서 갔어요. 그리고 을지대학교 김춘식 교수님을 따라다니면서 3년 동안 조수로 있으면서 베트남 영사님을 엠바밍해서 보내드린 적도 있어요. 제가 마지막으로 엠바밍한 시신은 노무현 전 대통령이었습니다.

사실 엠바밍이란 게 공간을 많이 차지하고 비용도 많이 들어서 하기 힘들어요. 엠바밍을 하면 시신이 썩지 않아서 균 문제도 해결됩니다.

외국인 노동자의 경우 사고사가 났을 때 공장주들이 나타나지 않은 경우가 많아요. 그 시신들을 수습해서 외국에 보내드리는 거죠. 다만, 제가 그분들을 엠바밍해드린 것은 오래전 일이고, 요즘은 후배들이 하는 편입니다.

○ **대통령부터 외국인 불법 체류 노동자까지 다양한 분들의 마지막 여정에 동반해주셨는데요. 재산이나 권력에 상관없이 이들에게서 보이는 공통점이나 차별점이 있다면 뭐가 있을까요?**

● 표정이 좀 다른 것 같아요. 느낌이랄까. 예전에 감나무 가지 치다가 떨어져서 돌아가신 스님의 시신을 수습할 때 자꾸 실수하게 되더라고요. 기운의 문제인 것 같아요. 편안하게 가신 분과 아닌 분을 수습할 때의 느낌이 다른 것 같아요.

○ **엔딩 노트 부분이 참 좋았는데요. 어떤 식으로 쓰는 노트인지 간단하게 설명해주시면 좋겠습니다.**

● 장례식에 쓸 영정사진을 고르고, 가족에게 전하는 말, 평소 못다 한 감사, 용서, 화해하는 말, 버킷리스트, 장례 절차와 순서와 부고 명단도 정해서 써놓는 거죠. 거동이 불편할 때 나를 도와줄 사람, 재산 관리를 맡아줄 사람이나 기관, 힘들 때 의지가 되지 않는다고 생각하는 사람부터 지우기, 마지막으로 남은 사람의 이름을 새겨두고 앞으로의 인간관계를 생각해보는 그런 내용이 들어가요.

○ 선생님이 원하시는 장례 형태는 무엇인가요?

● 매장하고 싶어요. 아버지가 팔순이 지난 후에 "내 묫자리는 있어야지"라고 말씀하시더군요. 선산이 몇만 평 정도 있어요. 이홍경 선생님이라고 영친왕의 아들인 이구 선생님의 장례를 맡아서 왕실 장례를 주관하신 분이 있어요. 선생님은 염을 하시는 분이 아니라 풍수를 하시는 분인데 제 아버님이랑 동갑이셔서 아버님 팔순 잔치에도 오셔서 친구가 되셨죠. 그분이 제 부친 묫자리도 봐주셨죠.
저도 장례를 오랫동안 치르다 보니 어떤 공간이 하나 있어야겠다는 생각이 들더군요. 매장이든 수목장이든 납골당이든 후손들이 찾아와서 들여다보고 의지할 수 있는 공간이 있으면 좋겠다. 그래서 아직까지는 내가 죽으면 매장하겠다고 생각하고 있죠.

유재철 선생님과 인터뷰를 마친 후 《좋은 시체가 되고 싶어》(반비, 2020)라는 책을 읽었다. 미국 로스앤젤레스에서 장의사로 일하고 있는 작가가 인도네시아, 멕시코, 스페인, 일본, 볼리비아 등 다양한 나라를 여행하며 장례 문화를 탐방한 이야기를 담았다. 그 책에는 다양한 장례 방법이 나온다. 인도네시아의 토라자족[4]은 고인의 장례식을 치르기 전까지 시신을 가족의 집에 모신다. 그 기간은 몇 달에서 길게는 몇 년에 이르기도 한다. 그 말은 가족과 시신이 같이 살고 생활한다는 뜻이다.

그런가 하면 미국의 크레스턴이라는 지역에서는 야외 화장을 하기도 하고, 멕시코에서는 11월 1일과 2일 이틀에 걸쳐 망자를 기리고 추억하는 '망자의 날'이라는 축제를 연다. 디즈니 애니메이션 〈코코〉도 바로 그 풍습을 소재로 해서 만든 작품이다. 또 미국에는 시신을 퇴비로 만드는 프로젝트를 추진하는 단체도 있고, 일본의 루리덴瑠璃殿이라는 납골당에서는 납골함을 불상 모양으로 만들고 거기에 LED 조명을 설치해 운영한다.

내가 가장 이상적으로 생각한 장례 방식은 스페인의 로카

---

4 인도네시아 술라웨시Sulawesi 섬에 사는 소수 민족이다. 죽음을 삶의 연장으로 여기며, 장례를 삶에서 가장 중요한 의례로 여긴다.

스 블랑카스Rocas Blancas에서 하는 방식이다. 그곳에서는 나무 한 그루를 심고 그 주위에 가족의 함을 묻어, 그 나무를 '가족 나무'로 만든다고 한다. 평소에 나무를 무척 사랑하는 나는 나무를 중심으로 사랑하는 가족과 사후에 같이 흙 속에 파묻혀 있는 모습을 상상하니 이상하게 마음이 고요해졌다. 물론 한국에서는 통용되지 않는 방식이겠지만…. 어떤 방식으로 장례를 치르든 유재철 선생님이 말씀하신 것처럼 맞이하는 죽음이 될 수 있다면 가장 이상적일 것이다.

또 동국대학교 대학원 생사문화 산업학과 석사 과정을 밟으면서 동시에 장례 관련 회사를 운영하는 사람을 만나 짧게 인터뷰했다. 그의 아버지는 우연히 다비식에 참석했다가 "시신을 화장한 후 나오는 유골이 사리처럼 되면 좋겠다"라는 말을 들었다고 한다. 거기에서 아이디어를 얻어 회사를 설립했다는 것이다. 유골에 열을 가해 사리, 즉 보석으로 만들어서 사랑하는 가족을 늘 곁에 두고 싶어하는 사람을 위해 판매하고 있다고 한다. 이를 전문용어로 '봉안옥'이라고 한다. 색채가 영롱하고 아름다워서 보석이라고 부르기도 한다. 실제로 사랑하는 가족의 유골을 봉안옥으로 만들어서 목걸이처럼 액세서리의 형태로 지니고 다니는 사람이 점점 늘어나는 추세라는 이야기를 들었다.

처음 이 서비스를 접했을 때는 약간 저어되는 마음도 있었다. 하지만 실제로 설명을 들어보니 마음이 좀 바뀌었다. 최근 한국에서는 시신의 95퍼센트 이상이 화장되고 그 재는 봉안당에 모시는데, 생각보다 관리가 잘 되지 않는 측면이 있다고 한다. 그러니까 사랑하는 이가 세상을 떠났을 때는 그 슬픔이 극에 달하지만, 세월이 흘러가면서 점점 봉안당을 찾지 않는 사람이 늘어나고 때로는 봉안당과의 계약 기간이 끝났을 때조차 찾으러 오지 않는 사람도 많다고 한다. 이 회사는 그런 면에서 사랑하는 이의 유골을 보석으로 만들어 집에 모시고 슬픔의 감정이 가실 때까지 있다가 나중에 다시 그걸 곱게 분말화해서 수목장과 같은 다양한 형태로 고인을 보내드린다고 한다. 이처럼 죽음을 맞이하는 형태는 점점 다양해지고 있다. 그렇다면 우리도 죽음을 맞이하기 전에 무엇을 준비해야 할지 다양하게 고민해보는 건 어떨까.

사실 저는 인간에 대한
애정이 있는 사람이 아니었습니다.
이 일을 하면서 바뀌었어요.
고인에 대한 예의를 갖추기 위해서
정성껏 일하게 됐고,
이 일을 하면서 인간이 된 셈입니다.

ue # 3부

분명 다시 만날 수 있다고 생각합니다

펫로스 상담사 조지훈

죽음이 있어서
같이 있는 시간을
더 소중히 생각할 수 있습니다.

슬픔을 느끼지 않는 게 오히려 더 이상하고
인간적이지 않은 일이 아닐까 생각해요.

반려동물이 보호자에게 느끼는 감정은
충성심이 아니라 사랑이죠.
그것도 아주 헌신적인 사랑을 하는 거죠.
둘은 서로 동등한 관계 같습니다.

조지훈 선생님의 상담실은 강남에 있다. 지독한 길치인 나는 약속 시간에 늦어서 허겁지겁 달려가야 했다. 숨이 턱이 닿도록 달려서 도착한 상담실에서 조지훈 선생님은 예쁜 찻잔에 홍차를 따라주셨다. 나는 그 홍차를 홀짝이며 인터뷰를 시작했다. 둥근 테 안경에 양복을 깔끔하게 차려입은 조지훈 선생님은 굉장히 스마트한 인상을 풍겼다. 반려동물과 같이 사는 인구가 300만 명이 넘은 시대이고, 나 역시 늙은 고양이와 힘이 넘치는 강아지를 키우는 입장에서 선생님에게 묻고 싶은 질문이 정말 많았다. 선생님은 인터뷰 내내 정확하고 꼼꼼하게 나의 질문에 대한 답변을 이어갔다. 선생님의 첫인상만큼이나 깔끔한 대화여서 절로 감탄이 나왔다.

○ 선생님은 펫로스 심리상담 센터 '안녕'의 원장님이시죠. 센터 이름에 안녕이라는 단어가 붙으니 다정한 인상을 줍니다. 센터 이름을 이렇게 지으신 특별한 이유가 있을까요?

● 여러 가지 의미가 있습니다. 일단 마음의 평안을 기원하는 의미에서 좋다고 생각했습니다. 더 중요한 이유는 반려동물과의 모든 순간에 이 말을 사용할 수 있기 때문입니다. 우리가 반려동물과 처음 만날 때 안녕이라고 인사하고, 또 키우다가 떠나보낼 때도 안녕이라는 말로 작별하잖아요. 그리고 거기에서 끝나는 게 아니라 언제든 반려동물이 내 마음에 찾아와줄 때도 안녕이라 말하고 싶어서 이렇게 이름을 붙였습니다. 다른 외국어들과 달리 한국어는 안녕으로 모든 인사를 할 수 있다는 점이 특별하잖아요.

○ 늙은 고양이와 힘이 팔팔한 강아지를 키우고 있는 저로서는 첫 질문의 답변부터 마음이 찡하네요. 사실 어제도 작가들과 모임이 있었는데요. 만난 작가들이 대부분 고양이를 키우고 있어요. 내 아이가 아프거나 내 아이와 헤어지는 건 상상도 하기 싫다는 이야기를 나눴거든요. 그런 면에서 안녕이라는 이름은 굉장히 뜻깊은 것 같습니다. 상상도 하

기 싫지만 반려동물을 잃은 사람에게 해줄 수 있는 말이 있다면 무엇이 있을까요?

● '힘들어도 괜찮다'라는 말이 필요하지 않을까 싶습니다. 그러니까 힘들어도 괜찮은 걸 넘어서 오히려 좀 힘들어야 하는 게 아닐까요. 애써 피하려고만 하지 말고요. 슬픔이라는 건 지극히 인간적인 감정이고, 그만큼 반려동물을 사랑하고 유대감을 나눴다는 증거니까요. 그러니 슬픔을 느끼지 않는 게 오히려 더 이상하고 인간적이지 않은 일이 아닐까 생각해요.

마음이 힘들어서 정신건강의학과에 가면 보통 약물 복용을 권유받으실 거예요. 저와 상담하시던 분 중에도 약물 치료를 시작했다며 갑자기 상담을 끊으시는 경우가 종종 있었어요. 바로 지난주까지만 해도 힘들고 괴롭다고 하시던 분이 약물 치료를 시작한 지 얼마 안 돼서 이제는 별로 우울하지 않다며 상담을 멈추고 싶다고 하시는 게 저로서는 이해하기 어렵더라고요. '그게 맞는 걸까? 그렇게 억지로 슬픔이라는 감정을 없애도 되는 건가?' 하는 생각이 들었죠. 사랑하는 반려동물이 세상을 떠났다면 당연히 입맛도 없고 하고 싶은 일도 없어야 하는 게 맞죠. 한동안은 애도하는 기간이 반드시 필요하다고 생각합니다. 우리가 그렇게 억지로 슬픔과 우울을 떨쳐내야 하는 이유는 하나밖에 없어요. 출근해서 일해야 하니까요. 그렇다고 해도, 혹은 이런 이유가 아니어도 슬픔이 꼭 약물 치료로 없애야만 하는 감정인지는 의문이 듭니다.

○ 저는 선생님에게 상담받으러 오시는 분들이 상담만 받으실 거라고 생각했는데 중복 치료를 받으시는 분들도 많나요?

● 자주 있는 경우는 아닙니다. 하지만 극심한 우울은 가셨어도 공허한 마음을 해결하고 싶어서 오시는 분도 많습니다. 물론 저는 약물 치료를 반대하는 입장은 아닙니다. 상담하다가도 필요하면 치료를 해야 한다고 말씀드려요. 지금 우울한 생각에 지나치게 몰두하고 있거나 마음이 너무 경직된 상태라면 상담 효과가 떨어질 수 있다고 말씀드리죠. 우울이 깊어지다 보면 자꾸 반려동물의 죽음을 반추하게 되면서 악순환에 빠지거든요. 하지만 성급히 이 감정들을 약물로만 다스려야 하는 건 바람직하지 않을 수 있다고 생각합니다. 그리고 약물 치료를 하고 오시는 분들의 경우

감정적으로 조금 무뎌진 상태로 오시는 것 같아요. 그저 이별한 지 겨우 1, 2주밖에 안 된 시점에서 바로 약물 치료를 하는 게 맞는지 조금 의문이 듭니다.

○ **처음부터 약물 치료를 받기보다 적절하고 자연스럽게 슬픔을 애도하는 기간이 필요하다고 하셨잖아요. 그렇다면 일반적으로 어느 정도 기간이 지나서까지 슬픔이 지속될 때 전문가를 찾아가야 할까요? 또 자연스럽고 평균적인 애도 기간은 어느 정도인가요?**

● 첫 두 달 정도는 당연히 힘들고 괴로운 시간이라고 생각해요. 다만 약물 치료를 해야 하는 기준은 두 달이라는 시간으로 정할 수는 없어요. 그보다는 주요 우울증이라고 해서 정신 건강 전문가들이 진단하는 증상이 있을 때 해야죠. 내담자가 2주 동안 극심한 우울감, 무기력감, 수면 문제, 죄책감, 식욕 감퇴 등 일상생활에서 즐거움을 전혀 느낄 수 없다면 우울증인지 확인해야 합니다. 약물 치료도 고려해 볼 수 있습니다. 이런 증상이 심해질 때는 자살 충동도 발생할 수 있어요. 이럴 때는 두 달이 안 됐더라도 약물 치료를 해야 하지만, 그렇지 않은 경우라면 스스로에게 시간적

인 여유를 줘야 한다고 생각합니다.

○ **저도 몇 번 겪었던 일인데요, 제 주변에도 아프거나 무지개다리를 건너는 아이들이 많거든요. 그렇게 사랑하는 반려동물을 떠나보내고 슬퍼하는 친구나 가족에게 우리가 무엇을 해줄 수 있을까요?**

● 공감하고 들어주는 게 가장 중요한 것 같습니다. 무언가 성급하게 이야기를 하면서 위로하려고 하면 탈이 나는 것 같습니다. 예를 들어 "그래도 다른 한 마리는 살아 있잖아" 또는 "새로 아이를 데려와 봐" 같은 조언은 역효과가 납니다. 공감받지 못한다고 느끼는 부작용도 있고요. 그것보다는 기다려주고 무슨 이야기든 들어주려고 하는 자세가 더 중요하죠. 사실 슬픔에 잠긴 반려인들이 제일 두려워하는 게 그거거든요. 내가 이야기를 꺼냈을 때 친구가 공감하지 못할까 봐, 혹은 이 일이 내게 얼마나 큰 의미가 있는지 이해받을 수 없을까 봐서요.

○ **공감받지 못하고, 또 이해받지 못하는 두려움이 가장 큰 거네요.**

● 맞아요. 그런 두려움 때문에 친구들을 안 만나려고 하는 분들도 있어요. 때로는 반려동물을 떠나보낸 같은 경험을 한 분들에게 도움도 받지만, 상처를 받는 경우도 왕왕 있습니다. "나는 이렇게 극복했으니 너도 이렇게 극복해봐"라는 말도 상처가 될 수 있거든요. 다만, 어떻게든 들어주는 게 가장 중요합니다.

○ **펫로스 증후군은 일반적인 슬픔과 어떻게 다른가요? 또 어떤 점에서 정신 건강에 심각한 영향을 미치나요? 우리가 슬픔을 느끼는 데는 여러 가지 요인이 있는데 슬프다고 해도 평소에 우울증을 앓았던 것이 아니라면 '죽음'까지 생각하지는 않잖아요. 그 차이는 무엇일까요?**

● 사별로 인한 슬픔이라서 그래요. 이건 해결할 수 있는 일이 아니라서 그렇습니다. 예를 들어 내가 경제적인 손실을 봤다, 시험에 떨어졌다, 이런 문제는 굉장히 힘들지만 노력하면 언젠가 해결될 가능성이 있잖아요. 그런데 사별은 그런 게 아니고요.

또 사람과의 사별과 다르게 사별하는 대상과 소통할 수 없으니 아이를 떠나보낸 후에 감정이 완전하게 정리가 안 되죠. 생전에도 동물과 효과적인 의사소통을 할 수 없기에 죽고 나서 더 정리가 안 되고, 오랫동안 지속되는 면이 있죠. 예를 들어 '이 아이가 나랑 있을 때 행복했을까?'라는 의문 때문에 슬픔이 깊고 오래가는 면이 있습니다. 쉽게 말하면 수명이 이미 정해진 자식과 사는 것과 똑같아요. 예컨대 자식이 죽었다고 생각해보세요. 그 슬픔의 깊이를 헤아릴 수 없잖아요. 거기다 사별의 방식도 보통의 경우와 다르고요. 애도하기 힘든 경우는 갑작스러운 사별과 아주 고통스럽게 세상을 떠난 경우인데 반려동물의 죽음은 이 두 가지에 해당하는 경우가 많아서 더 그렇습니다. 실제로 잠자는 것처럼 편하게 떠나는 동물은 극소수예요.

반려인은 흔히 그러잖아요. 동물이 말을 딱 하나만 할 수 있다면 "아프다"라는 말을 할 수 있으면 좋겠다고요. 그런데 동물은 아프다는 표현을 못 하니까 갑자기 건강이 안 좋아져서 병원에 갔다가 그 자리에서 떠나는 경우도 많습니다. 그것도 편안하게 잠드는 게 아니라 괴로워하다가 떠나는 경우도 많아요. 사별의 좋지 않은 요건을 너무 많이 갖추고 있는 거죠.

○ **요즘은 비혼 인구가 많이 늘어나고 있고, 고령화 시대이**

기도 하잖아요. 자기가 낳은 아이의 죽음을 경험할 수 있는 사람은 점점 줄어들고 있지만, 대신 반려동물로 인해 죽음을 더 강렬하게 경험하는 사람이 늘어나는 게 아닐까 싶어요. 짧으면 4, 5년에서 길어야 20년 동안 애지중지 키우던 아이가 떠나면 그 엄청난 애착과 상실을 어쩌지 못해 고통스러울 수 있겠다는 생각이 듭니다.

그렇다면 펫로스 증후군을 자가 진단할 수 있는 방법이 있을까요? 또는 급하게 감정을 다스려야 할 때 시도해볼 수 있는 간단한 방법이 있을까요?

● PBQPet Bereavement Questionnaire라고 펜실베이니아대학교 심리학과에서 만든 건데 척도를 찾아서 스스로 확인해 검사하는 방법이 있어요. 또 앞에서 제가 언급한 우울증이나 PTSD 증상들을 찾아보고 내가 이 기준에 부합하는지 살펴볼 수 있겠죠.

시간도 되고, 근본적인 치료를 하고 싶다면 상담을 받는 게 좋고요. 각자 극복하려는 접근 방식에 따라 해결 방법이 달라질 것 같습니다. 상담은 약물 치료처럼 즉각적인 효과를 줄 수는 없어요. 저도 장례 끝나고 바로 온 분들의 상담은 받지 않습니다. 그때는 상담해도 그다지 효과가 없으니까요. 차라리 이완 훈련을 하거나 복식 호흡을 하는 게 더 나을 수 있습니다. 그렇게 사흘 정도 지난 후에 상담받는 게 좋아요. 복식 호흡은 심호흡하면서 몸의 모든 근육의 긴장을 푸는 것이고, 이완 훈련은 몸의 근육마다 3초 정도 힘을 줬다가 5초 동안 힘을 푸는 연습을 교대로 하는 겁니다. 그렇게 15분 정도 하면 몸에 올라오는 감정들을 진정시키는 데 도움이 됩니다. 감정이 올라올 때마다 짧게 명상을 해주는 것도 도움이 될 수 있고요.

약물 치료가 근원적인 감정을 다스리지는 못합니다. 궁극적으로 애도는 본인이 스스로 생각하고 노력해야 하는 과정입니다. 제가 몇 년 동안 약물 치료를 하시는 분들도 봤어요. 그게 다 근원적인 슬픔이 해결되지 않았기 때문에 치료가 길어진 겁니다. 자신의 마음을 들여다보기가 겁나서 약물 치료에 의존하는 분이 많아요. 그러니 오히려 그런 분이 평소보다 더 힘들어지더라도 상담받으러 오셔서 마음속에 있는 문제들을 꺼내고 이야기하면서 풀어가는 과정이 필요합니다.

○ **선생님은 사람과 사별한 분들도 상담하시고 반려동물과 사별한 분들도 상담하시는 거군요.**

● 사람과의 사별과 동물과의 사별이 크게 다르지 않은 것 같습니다. 제가 펫로스 증후군을 상담하다가 가족과의 사별로 힘들어하시는 분을 함께 상담하기도 했습니다. 그런데 제가 간판에 펫로스 상담이라고 써서 그런지 사람 사별 문제로 오시는 분들은 거의 없더라고요.

○ **선생님은 처음부터 펫로스 전문 상담실을 여신 거네요. 그 계기가 있을까요?**

● 저도 원래는 우울, 불안, 공황, ADHD와 같은 정신 질환을 상담했습니다. 그러다 2017년에 고양이를 입양하게 됐어요. 과거에 강아지를 떠나보내고 힘들어서 다시는 안 키우려고 했는데 우연히 길고양이에게 간택 받은 거죠. 그런데 그때 또 사별에 대한 두려움이 올라오더라고요. 그 괴로움을 어떻게 이겨낼까 하다가 공부를 시작했고, 내가 원래 하는 일이 상담이니 다른 분도 도와드려야겠다는 생각에 상담실을 열었습니다.

○ **잘한 선택이라고 생각하세요?**

● 반반인 것 같아요. 아직은 갈 길이 멀다는 생각도 들지만, 저에게 상담받고 좋아지시는 분을 보면 하길 잘했다는 생각도 들어요. 좋아진다는 게 말이 좀 그렇지만 애도 과정을 자연스럽게 거쳐 가는 모습을 보고 그런 생각이 드는 거죠.

○ **펫로스를 전문적으로 상담하시는 분은 선생님이 최초인가요?**

● 제가 처음이에요. 펫로스 증후군만 전문적으로 하는 상담 센터는 지금도 저 말고는 없는 것 같아요.

○ **이건 제 편견일지도 모르지만, 만약에 제가 펫로스 증후군으로 마음이 아파서 상담을 받고 싶다면 선생님처럼 아이를 잃어본 고통을 알고 있는 전문 상담사를 찾아가고 싶을 것 같아요. 전문 상담사라고 해도 공감력이 뛰어나지 않을 수도 있잖아요.**

● 무엇보다 먼저 공인된 자격증이 있어야겠죠. '한국임상심리학회' '한국상담심리학회' '한국상담학회'까지 이렇게

세 국가기관에서 발급하는 공인 자격증을 갖춘 전문가인지 먼저 확인해야 합니다. 거기다 의사나 상담사 본인이 직접 펫로스의 고통을 아는 분이라면 공감력은 당연히 높으실 테고요. 그런 경험이 없더라고 펫로스 증후군이 상담을 필요로 하는 심각한 문제라고 인식하는 분이라면 상담받을 수 있다고 생각합니다.

○ **반려동물과 사별 후 스스로 감정을 관리하려는 사람이 시도해볼 수 있는 유익한 방법이나 활동으로 무엇이 있을까요?**

● 애도나 펫로스에 관한 책을 읽어보세요. 죽음에 대한 유연한 조망을 가질 수 있게 돕는 책이면 좋습니다. 죽음은 비통하고, 고통스럽고, 씻을 수 없는 고통을 주는 것이라는 경직된 가치관에 갇혀 있으면 거기서 빠져나오기 힘들어요. 죽음은 육신이 주는 고통에서 벗어날 수 있게 해주는 것이고, 죽음이 있어서 같이 있는 시간을 더 소중히 생각할 수 있습니다. 글쓰기도 좋고, 일기나 편지를 쓰는 것도 좋고, 나와 같은 경험을 한 사람들끼리 커뮤니티를 만들어서 소통하는 것도 좋고요.

○ 죽으면 나와 함께한 반려동물이 가장 먼저 마중 나온다는 이야기가 영화나 소설에서 많이 나옵니다.

● 저는 분명 다시 만날 거라고 생각하고 있습니다. 사실, 사후세계는 믿지 않아요. 그러니까 심리학과 뇌를 공부했고, 우리 몸이 어떻게 생각하고 감각을 느끼고 받아들이는지 알기 때문에 육신이 죽으면 이 모든 활동은 끝난다고 알고 있거든요. 다만, 물리학적인 사후세계는 있을 것 같아요. 세상은 다 에너지로 구성되어 있습니다. 우리 몸도 에너지입니다. 화장하면 우리 몸이 에너지로 변환되는 겁니다. 그러니 아이가 세상을 떠났어도 바람이나 온기의 형태로 우리 곁에 머물러 있다고 생각합니다. 영화 〈트랜센던스〉를 보고 그런 생각이 들었습니다. 조니 뎁이 주연으로 나온 영화인데 주인공은 방사능 피폭으로 목숨을 잃었지만, 뇌를 컴퓨터에 이식해서 데이터로 남게 돼요. 그 영화를 보고 죽음을 다시 생각하게 되었습니다. 죽음이 그런 게 아닐까 하고요.

○ 어쩐지 선생님의 이야기를 들으니 마음이 따뜻해지고 안도하게 되네요. 한편 조금 전에도 나왔던 이야기지만, 펫로

스 증후군에 대한 사회적 인식이 아직 부족한 게 피부로 느껴질 때가 있습니다. 제가 다섯 살짜리 시바 강아지를 키우는데 이 아이가 평소에 사고를 많이 치니까 저에게 꼭 개를 키워야 하냐고 물어보시는 분도 계세요. 그런 분은 언젠가 이 아이가 세상을 떠나고 제가 슬퍼해도 제 감정을 이해하지 못하실 것 같아요. 이런 사회적인 인식 문제를 개선하기 위해서 우리가 할 수 있는 게 있을까요?

● 저는 강의할 때마다 청중에게 반려동물이 가족이라는 인식을 가져보자고 말합니다. 예를 들어 키우던 강아지를 떠나보낸 직장 동료가 있을 때요. 한 달이 지났는데도 여전히 힘들어하며 업무에서 실수가 나오면 '아니, 언제까지 이럴 거야?'라고 생각할 수 있어요. 하지만 강아지가 아니라 가족을 떠나보냈다고 생각하면 이해할 수 있잖아요. 그런 관점의 전환도 필요하다고 봅니다.

그리고 펫로스 증후군이 얼마나 심각한 문제인지 아직 모르는 분들이 많아서 그런 것 같기도 합니다. 펫로스 증후군이 심각해져서 자살하는 사례도 꽤 많을 것이라고 예상합니다. 그런 사례를 추적 관찰하지 않아서 모르고 있을 뿐이죠. 그러니 그냥 개나 고양이가 죽었다는 시선이 반려인을 더 벼랑으로 몰 수도 있습니다.

○ **펫로스 증후군 환자분을 상담하시면서 가장 기억에 남는 사례나 특별히 도전적이었던 순간이 있나요?**

● 기억에 남는 사례는 아무래도 트라우마를 가지고 계신 분인 것 같아요. 내 실수로 사고가 나서 아이가 죽은 경우가 가장 힘들고 기억에 많이 남아요. 대개 외상적인 경험이기 때문입니다. 보통 사고로 아이가 죽었을 경우에는 이분들이 가지고 있는 죄책감이 커서 상담하기 쉽지 않습니다. 자신을 비난하기가 정말 쉬운 사례거든요. 그럴 때 저는 이렇게 말해요. 내가 아이를 죽였다고 말할 수 있는 사별은 내가 학대해서 죽인 경우밖에 없다고요. 이번 사고는 그저 나쁜 우연이 겹치고 또 겹쳐서 일어난 사고일 뿐이라고 말씀드리면서 내담자가 납득할 수 있도록 합니다.

대개 내담자가 제 설득을 못 받아들이는 건 자기 탓이 아니라고 회피하는 것처럼 느껴서 더 그렇습니다. 그렇게 상담 효과가 나타나지 않을 때는 안타깝고 힘들어요. 하지만 저는 '왜'라는 궁금증을 더 파고 들어가서 노력하는 편입니다. "왜 받아들이지 못할까요?" 그렇게 계속 묻다 보면 내담자가 스스로 '나는 항상 실수만 하는 사람'이라고 생각하고 있다는 걸 알게 됩니다.

제가 하는 치료가 인지 행동 치료인데 그런 식으로 우리 안에 있는 왜곡된 핵심 신념들을 찾아서 고치는 겁니다. 그 신념은 심장 같은 거라서 삶의 어떤 영역에든 영향을 미칠 수 있거든요. 나는 '사랑받지 못하는 존재야'와 같은 마음을 건드리는 거죠. 그렇게 해서 가장 오래 걸린 치료가 2년 정도였습니다.

○ **사랑하는 반려동물과 사별한 후 새로운 반려동물을 데려오기 전에 스스로에게 해야 할 질문 리스트가 있다고 들었어요.**

● 가장 중요한 건 성급하게 데려오는 것은 아닌지 자문해야 하고, 대체물로서 받아들이지 않아야 합니다. 그러니까 반려동물이 떠난 빈자리를 채우기 위해 데려오는 건 아니어야 한다는 거죠. 새로 온 아이가 떠난 아이와 비슷할 거라고 기대하지 않아야 합니다. 그래야 실망하지 않습니다. 반려동물을 존재 그 자체로 인정할 수 있을 때 데려와야 한다고 생각합니다. 다른 가족과 의견을 조율하는 과정도 필

요합니다. 이것 때문에 갈등이 생길 수 있거든요. 그리고 집에 다른 반려동물이 있다면 그 친구가 새로운 친구에게 잘 적응할 수 있는지 그 여부를 확인하는 것도 필요합니다.

○ **애도의 글쓰기 방법이 있다고 들었어요. 참 좋다는 생각이 들었습니다. 저도 작가로서 글쓰기의 치유 효과에 대해 꽤 확신하고 있거든요. 그런 글은 어떤 식으로 써야 하나요?**

● 인정하고 싶지 않고, 받아들이기 힘든 이야기이지만, '내 반려동물이 무지개다리를 건넜다'라는 문장으로 시작하는 글을 쓰는 게 좋습니다. 이 사실을 받아들여야 애도가 시작돼요. 그렇게 내 생각과 감정을 글로 정리하면 그것을 객관적으로 바라보고 통찰할 수 있습니다. 반려동물과 같이 지낸 행복한 순간들도 있었다는 것을 돌이켜보고, 반복적으로 써보는 게 중요합니다. 쓰면 쓸수록 더 풍부해진다고 생각합니다. 저는 상담할 때 내담자에게 글쓰기 숙제도 내줍니다.

○ **펫로스 증후군에서 벗어나려면 사별에 대해 깊이 사유하**

고, 애도를 경험하고, 변화를 통찰하는 과정이 꼭 필요하다고 선생님이 쓰신 책 《어서 오세요, 펫로스 상담실입니다》(라곰, 2023)에 나오는데요. "변화를 통찰한다"라는 부분이 아주 좋았습니다. 여기서 말하는 변화란 반려동물이 없는 새로운 생활의 변화일 수도 있고, 반려동물을 잃음으로써 내게 생긴 정신적, 육체적, 환경적 변화일 수도 있을 텐데요. 생명체에게 죽음이 피할 수 없는 일이라면 반려동물과의 헤어짐을 계기로 우리는 죽음에 관한 새로운 통찰을 얻을 수도 있는 걸까요?

● 반려동물과의 사별이 태어나서 처음 겪는 사별인 경우가 세대를 막론하고 점점 많아지고 있습니다. 이는 우리가 죽음이나 사별을 정리할 수 있는 계기가 됩니다. 남아 있는 사랑하는 존재들과 어떻게 살아가야 할지를 돌이켜보는 계기도 되고요.

나 자신은 어떤 사람이고, 반려동물로 인해 어떤 사람이 됐는지를 돌이켜보는 일도 중요합니다. 어떤 분이 이런 이야기를 해주셨어요. 전에는 자기가 타인의 슬픔이나 고통에 대해 꽤 냉정한 사람이었대요. 살면서 큰 슬픔을 겪어본 적이 없었거든요. 그런데 반려동물과 사별한 후에는 사랑하는 이를 잃은 사람의 슬픔에 공감할 수 있게 됐다고 말씀하시더군요. 그런 면에서 반려동물과의 사별이 하나의 '선물' 같은 경험이 될 수도 있습니다.

○ **반려인이 반려동물과 눈을 맞출 때 옥시토신이란 호르몬이 분비된다고요. 굉장히 재미있고 흥미로웠습니다. 우리가 단순히 감정적으로 반려동물에게 애착을 느끼는 게 아니라 육체적인 유대감을 느낀다는 의미이기도 하니까요. 그리고 아이를 돌보듯 애지중지하다가 사별하면 마치 자식을 잃은 것 같은 고통을 느낀다는 말씀에 크게 공감했어요. 저도 고양이와 강아지를 키우고 있잖아요. 둘 다 제 자식처럼 느껴지거든요.**

● 옥시토신이라는 게 흔히 '사랑 호르몬'이라고 하는, 생명체 사이의 유대감을 만들어주는 호르몬이에요. 부모 자녀 관계, 특히 어머니와 자녀 관계에서 옥시토신이 굉장히 중요한 역할을 해요. 어머니가 아이를 바라볼 때 옥시토신이 분비되면서 아이를 돌보고 양육해야겠다고 생각하게 만들거든요. 아이를 키우는 동기가 되는 호르몬이고, 아이도 이 옥시토신 호르몬 덕분에 어머니를 더 따르고 어머니에게

유대감을 느끼게 되는 겁니다.

이 호르몬은 사람만 분비하는 게 아니라 동물도 분비합니다. 반려동물도 보호자에게서 그 냄새를 느끼고, 자기도 그걸 분비하게 됩니다. 그런 면에서 반려동물이 보호자에게 느끼는 감정은 충성심이 아니라 사랑이죠. 그것도 아주 헌신적인 사랑을 하는 거죠. 제가 보기에는 서로 동등한 관계 같습니다. 예컨대 낯선 사람이 자기 보호자를 공격하려고 했을 때 강아지가 그 낯선 사람을 공격하는 이유는 보호자에 대한 사랑과 유대감 때문이 아닐까 생각합니다.

○ **충성심이 아니라 사랑이라고 하니까 더 애틋하네요. 개가 충성심이 강해서 보호자를 지킨다고 하잖아요. 그런데 그게 아니라 사랑이라면 관점 자체가 달라지는 것 같아요. 충성은 상하 관계를 떠올리게 하지만 사랑은 동등한 관계에서 하는 느낌이라 흥미롭습니다.**

● "앉아, 손, 일어나"라는 명령을 했을 때 강아지가 따르는 이유는 보호자가 시켜서 그런 것이 아니라 '그렇게 하면 보호자가 좋아하니까'라고 생각하기 때문인 것 같아요. 반려동물에게는 보호자가 세상의 전부이니까요.

○ 반려동물을 사고나 학대로 잃고 PTSD를 겪는 반려인이 많다고요. 제가 얼마 전에 이사했는데, 아직 낯선 동네에서 강아지를 데리고 산책하러 갔다가 줄을 놓치는 바람에 강아지가 도로에 뛰어들어서 깜짝 놀랐던 일이 있습니다. 다행히 아무 사고 없이 지나갔지만, 그때 만일 강아지가 크게 다쳤더라면 평생 스스로를 용서하지 못했을 것 같아요. 이런 경우 반려인이 겪을 수 있는 PTSD 증상과 대처법에 대해서 알려주시면 좋겠습니다.

● 저는 PTSD를 꼭 치료가 필요한 사별 증상으로 따로 분류했습니다. 나 자신이 이 사건을 충격적이지 않게 바라보려고 노력한다고 해결되는 게 아니거든요. 외상이라는 건 생각보다 우리의 본능이 앞서는 경험입니다.
이럴 때 보이는 가장 큰 증상 중 하나가 회피 행동입니다. 예를 들어 쓰나미를 겪은 사람은 바닷가에 가지 않습니다. 본능에 각인된 행동이거든요. 예컨대 선사 시대에 우리가 호랑이와 마주친다면 우리는 돌멩이를 던지며 맞서거나 도망치거나, 하나만 할 수 있습니다.
이처럼 생존 기술을 발휘하기 위해 몸을 긴장시키는 거죠. 이때 생각이 들어갈 여지가 전혀 없습니다.

PTSD는 이러한 회피 증상에 더해서 '재경험'이라고 하는 악몽을 꾸거나 마치 눈앞에서 그 사건이 생생히 재생되는 것 같은 '플래시백'이라고 하는 증상들을 경험하게 될 수 있습니다. '과각성 증상'이라고해서 수면 유지가 어렵고 과도하게 놀라는 등의 증상도 나타날 수 있고요. 사건과 관련된 기억을 상실하거나 혹은 미래에 대해서 조망이 되지 않는 등의 증상도 나타날 수 있습니다. 즉, PTSD는 재경험, 회피, 과각성, 인지변화의 4가지 증상이 나타납니다.

○ **이럴 때는 상담을 받아야 하나요?**

● 병행 치료를 해야 합니다. 상담할 때도 'EMDR'이라고 '안구 운동 민감 소실 및 재처리요법'을 병행해서 해야 합니다. 약물 치료도 하고요. 안구 운동을 실시하면서 동시에 특정 기억을 떠올리고 그 기억을 재처리하는 요법입니다. 불안, 공포 등의 감정 반응도 줄어들고, 신체적 반응도 완화시키는 등 트라우마에 적합한 치료 방법이죠.

○ **PTSD와 외상적 펫로스는 다른 증상인가요? 외상적 펫로스는 학대받은 동물에만 해당하는 경우일까요?**

● 외상적 펫로스는 경험이자 원인이고 PTSD는 증상, 진단, 결과로 생각하시면 됩니다.

○ 원거리에서 일어난 펫로스 증후군에 대해 알게 되었는데 조금 걱정이 됩니다. 지금 제가 키우는 강아지는 딸이 원해서 데려온 아이예요. 딸은 지금 일본에서 유학 중이에요. 앞으로도 그곳에서 생활할 예정이고요. 그러니 언젠가 강아지가 떠났다는 소식을 전해 듣게 될 가능성이 높은데요. 저는 강아지와 마지막 순간을 함께하지 않으면 슬픔이 덜하지 않을까 생각했는데, 오히려 그 반대인 것 같아서 의아하기도 합니다. 왜 원거리에서 겪는 죽음을 직시하기가 더 힘들까요?

● 충격의 관점에서 보면 따님이 작가님보다 덜할 수는 있습니다. 하지만 애도를 시작하기가 힘들어지죠. 외국에 있다가 한국에 왔더니 강아지의 유골만 남아 있는 걸 보면 그 죽음을 받아들이지 못할 때가 많습니다. 그래서 슬픔이 더 크고 오래가는 이유는 어떻게 슬퍼해야 할지를 몰라서 일 수 있습니다.

○ 펫로스 증후군 관련해서 상담받고 싶은 사람은 어디로 찾아가야 할까요?

● '전국민 마음투자 지원사업'도 이용하실 수 있어요. 정신건강 검사에서 우울 점수가 일정 점수 이상이 나오면 누구나 받을 수 있는 사업입니다. 국가에서 상담비를 8회까지 지원해주는데, 저희 상담실 프로그램이 총 8회 과정입니다. 저에게 오셔도 되고, 자격을 갖춘 다른 전문가에게 상담받으셔도 좋습니다. 관련 자격증으로는 민간자격증인데 한국임상심리학회에서 부여하는 임상심리전문가, 한국상담심리학회에서 발행하는 상담심리사 1·2급 자격증, 한국상담학회에서 발행하는 전문상담가가 있습니다.

○ 마음챙김 명상이 좋다는 건 알고 있었지만, 반려동물을 잃은 슬픔에도 효과가 있다는 건 몰라서 신선했습니다. 왜 이 명상이 효과가 있는 걸까요?

● 슬픔을 있는 그대로 받아들이는 연습이거든요. 마음챙김이라는 건 결국 알아차리고 판단하지 않는 건데, 애도도 슬픔을 알아차리는 거고요. '내가 반려동물을 챙기지 못했

구나' 하는 마음을 알아차리는 거죠. '내가 산책 많이 못 해준 것 같은데'에서 시작된 후회가 계속 커지는 과정을 알아차리고 그 생각을 내려놓는 연습이라서 효과가 있는 겁니다. 압력솥처럼 계속 올라가는 생각의 압력을 빼내는 연습이죠. 죄책감을 인정하고 받아들이는 연습을 하고, 시간이 흘러가도 해결할 수 없는 미안함을 내려놓고 살아가는 연습을 하는 겁니다. 물론 명상만으로는 해결되지 않고, 그 이후를 향해 나아가야 하죠.

○ **책에서 반려동물이 세상을 떠난 후 장례식장으로 가기 전, 애도의 가이드라인을 제시해주셨는데 무척 인상적이었습니다. 특히, 부검 부분이 놀라웠는데요. 부검이 필요한 이유는 무엇이고, 어떤 상황에서 해야 할까요?**

● 반려동물의 죽음에 대해 의문이 있다면 부검해야 합니다. 그렇다고 무조건적으로 부검하는 게 아니라 시시비비를 가려야 할 때, 법적인 처벌을 해야 하는지 결정해야 할 때, 가해자가 있을 때 고려해볼 수 있는 방법입니다. 아이의 죽음을 억울하지 않게 하는 방법입니다만, 부검한 후에 사체를 돌려받지 못할 수도 있어요. 반려동물은 가축으로

분류되니까요. 그래서 더 신중하게 해야 합니다. 그걸 해야 하는 이유는 결국 '왜'라는 질문의 화살이 나에게 돌아오기 때문이죠.

○ **반려동물 안락사 시기는 어떻게 정하는 게 좋을까요? 또 안락사는 어떻게 하는 것이 가장 좋을까요?**

● 세 가지가 가장 중요합니다. 가장 먼저 수의사의 소견을 받아야 하고(소생이 불가능하거나 건강 회복이 불가능할 경우), 그 다음으로 아이의 삶의 질이 악화될 거라고 판단할 근거가 있어야 해요(수의사가 정한 기준이 있습니다). 물론 개인적인 기준도 있을 수 있습니다. 세 번째는 비언어적인 의사소통이 주는 메시지예요. 살아가는 게 괴롭고 고통스럽다는 사인(반려동물의 눈빛이나 호흡) 같은 거죠. 이건 규칙이 아니라 가이드라인입니다.

《The Psychology of the Human-Animal Bond》라는 인간과 동물의 유대 관계에 대해서 다룬 책을 읽은 적이 있어요. 외국에서 나온 책이에요. 그 책에서는 이야기해요. 안락사의 적절한 시기는 알 수 없다고요. 다만, 가이드라인이 있다고요. 안락사는 병원에 가서 해야 합니다. 안락사를 해준다는 사설 업체는 절대 가면 안 됩니다. 제대로 된 절차를 지키지 않아 아이가 고통을 받을 수 있어요. 안락사는 병원마다 다른데 하는 곳도 있고, 안 하는 곳도 있습니다.

○ **사별 준비가 잘되어 있는 보호자들이 사별 이후의 심리적 고통을 더 잘 극복한다고 들었어요. 그 준비는 어떻게 할 수 있을까요?**

● 아이가 나이 들어가고 언젠가 죽음으로 이별해야 한다는 걸 인정해야 할 것 같아요. 그것으로 인해 불안해하고 두려워하는 게 아니라 더 의미 있는 시간을 보낼 수 있는 방법을 찾아보는 거죠. 죄책감 리스트를 작성해서 후회를 줄이는 방법을 찾아보는 것도 좋겠습니다. '이 순간의 온기와 사랑을 기억해보려고 노력하는 마음이 나중에 나를 살아가게 할 것이다.' 이렇게 마음의 준비를 한다면 애도를 더 잘할 수 있을 겁니다.

조지훈 선생님과 인터뷰를 하고 몇 달이 지난 후 공교롭게도 집에서 사고가 일어나 키우던 강아지가 죽을 뻔했다. 급한 마음에 동네 작은 병원에 가서 응급 치료를 받았지만 그곳에서 말하는 수술을 하기엔 시설이 적합하지 않았고, 무엇보다 입원 시설이 없었다. 결국 큰 병원으로 가서 수술을 받았는데, 그 과정에서 다양한 증상으로 치료나 수술이나 접종을 받으러 온 개들을 봤다. 병원 전광판에는 시루, 꽃게, 만두, 비엠더블유와 같은 이름들이 보여서 슬프고 두려운 와중에도 순간 웃음이 터지기도 했다. 강아지의 보호자들은 서로가 키우는 강아지의 내원 이유와 심각성 정도를 물어보며 걱정해주고 달래주기도 했다.

　대기실엔 나처럼 강아지가 잘못될까 봐 시름에 찬 보호자도 있었고, 너무 노쇠한 아이라 안타까운 눈빛으로 보는 보호자도 있었다. 가장 슬픈 건 보호자의 퉁퉁 부은 눈을 볼 때였다. 그 모습을 보며 대기실에 있던 보호자들은 모두 언젠가 직면하게 될 이별을 떠올리며 몰래 슬퍼했다. 나의 강아지는 치료받고 괜찮아졌지만, 언젠가는 이 아이와도 이별하게 될 것이다. 그때의 내가 조지훈 선생님의 따뜻한 조언에 의지할 수 있기를 바랄 뿐이다.

세상은 다 에너지로 구성되어 있습니다.
아이가 세상을 떠났어도, 바람이나 온기의 형태로
우리 곁에 머물러 있다고 생각합니다.

4부

얼마나 오래 살았느냐는 중요하지 않습니다

신부 홍성남

종교에서 영혼이나 영성을 이야기하는 것은
'사람답게 살 것인가, 아닌가'를 묻는 것이라는 걸
알게 됐습니다.

새롭게 살기 위해 끊임없이
고민하고 질문하는 것이
끝까지 살아남을 수 있는 방법이죠.

나는 항상 물어봐요.
당신이 죽고 나면 당신을 위해 울어줄 사람이
몇 사람이나 있냐고.

홍성남 신부님을 인터뷰하게 된 계기는 좀 특별했다. 몇 년 전, 아이가 공황장애와 우울증으로 고생한 적이 있었다. 그때 나는 온갖 치료를 다 찾아보고 다녔는데 그중에는 당연히 심리상담도 있었다. 나 역시 아이를 간호하다가 지쳐서 한동안 상담을 받기도 했다. 그때 유튜브에서 우울증과 심리상담이라는 키워드로 검색을 자주 했었고, 여러 종교 지도자의 영상도 봤는데 그중 한 사람이 바로 홍성남 신부님이었다. 짙은 눈썹이 인상적인 신부님은 우울증을 비롯해 사람의 마음 상태에 대한 이야기를 화통하게 전해주었다. 당시 나에게는 그것이 큰 위로와 힘이 되었고, 그 후 신부님의 팬이 됐다. 죽음을 주제로 한 인터뷰를 기획했을 때 종교인의 이야기를 들어보자는 의견이 나왔다. 두 번 생각할 것도 없이 바로 홍성남 신부님을 떠올렸다. 명동 성당에서 처음 만난 홍성남 신부님은 방송보다 실물이 더 멋있었고, 나와 편집자는 도저히 따라가기 힘든 어마어마한 체력과 에너지를 지닌 사람이었다. 무려 7시간에 걸쳐 나눈 이야기는 굉장히 흥미롭고 영적 기운으로 가득 찬 것이었다.

○ 신부님은 영성 심리 전문가이신데요. 저는 신부님의 유튜브 방송에서 '영성 심리'라는 말을 처음 들었는데 이 명칭이 흔히 쓰이는 말은 아니라서 모르는 사람도 있을 것 같습니다. 영성 심리가 무엇인가요?

● 영성 심리는 일반 심리하고는 좀 다릅니다. 일반적인 심리상담은 사람과 사람과의 관계를 다뤄요. 부모와 자식 관계, 이웃과의 관계, 부부 관계, 이런 관계 안에서 생기는 갈등을 주로 다루는 게 일반 상담이에요. 영성 심리는 '신과 인간의 관계'를 다룹니다. 구체적으로 말하자면 신앙생활을 하면서 생기는 여러 가지 갈등이나 죄책감을 다루죠. 영성 심리가 중요한 이유는 사이비 종교를 식별할 수 있다는 점입니다. 또 영성 심리의 관점에서 한 종교를 볼 때 이 종교가 병들었는지 혹은 건강한지도 식별이 돼요.
예를 들어 영성 심리를 공부하는 신부는 〈가톨릭교회사〉에 나오는 마녀사냥 같은 사건들을 접할 때 '그냥 그건 범죄야' 하고 단순하게만 보는 게 아니라, 그 범죄를 누가, 왜 저질렀는지를 살펴봅니다. 만약에 그런 범죄를 저지른 사람이 수도자라면 '대체 왜 그런 짓을 저질렀을까? 왜 그들은 그 여자를 마녀라고 생각했지? 그때 그 수도자의 정신적인 문제는 뭐였을까?' 하고 분석하는 게 영성 심리입니다. 종교를 굉장히 세밀하게 들여다보는 공부가 영성 심리죠.

○ **제가 '영성'이라는 개념을 '영혼'과 혼동했군요. 처음에 영성 심리란 말을 들었을 때 신부님이 사람의 영혼과 심리에 관계된 상담을 해주시는 것이라고 짐작했습니다.**

● 사람의 심리를 굳이 영혼이냐 정신이냐 구분하지 말고, 그냥 사람의 마음을 다루는 일을 하는구나 하고 이해하시면 됩니다. 사실 영성이나 영혼이라는 말이 지금은 굉장히 낯설잖아요. 현대인에게 낯선 이 말이 지금 왜 필요할까요? 제가 10여 년 전에 가좌동 성당에서 5년 반 정도 있었어요. 재개발 현장 인근이었는데, 그곳에 있는 동안 돈에 미친 사람을 수도 없이 봤어요. 불법적인 일을 합법적인 일처럼 하면서 돈 없는 사람을 다 몰아내고, 그러고도 양심의 가책을 전혀 받지 않는 사람을 많이 봤고요. 심지어 자기 부모가 집값으로 받은 보상금을 가로채려고 하는 자식도 봤어요. 그걸 보면서 '저 사람은 정말 돈에 미쳤구나, 영혼이 없구나' 하는 생각이 들더라고요. 성경을 보면 "하느님이냐 재물이냐?"라고 묻는 내용이 나와요. 그러니까 성

경에 나온 그 말씀이 "네가 사람답게 살 것인가? 아니면 돈만 바라보고 살 것인가?" 둘 중 하나를 선택하라는 이야기였다는 걸 깨닫게 되는 거죠. 물론 돈을 버는 게 나쁜 건 아니에요. 그런데 돈이 내 마음의 주인이 되는 순간, 그 사람이 괴물로 변하는 걸 그곳에서 많이 봤어요. 우리 머릿속에는 세 개의 뇌가 있다는 말이 있잖아요. 파충류의 뇌, 포유류의 뇌, 영장류의 뇌. 우리가 보통 어떤 사람을 보고 "저 사람은 영혼이 없어"라고 말할 때는 그에게 파충류와 포유류의 뇌만 살아 있다는 얘기예요. 벌레만도 못한 짓을 하면서 가책을 받지 않는 상태가 영혼이 없는 상태라는 거죠. 돈에 미치면 그런 상태가 돼요. 그래서 종교에서 영혼이나 영성을 이야기하는 것은 영혼의 존재 유무를 묻는 게 아니라 '사람답게 살 것인가, 아닌가'를 묻는 것이라는 걸 그때 알게 됐습니다.

한국 사회는 고학력 엘리트가 대형 범죄를 저지른다고 외국 사회학자는 이야기해요. 범죄 심리학자도 그렇게 얘기하는데, 영성 심리학자는 그 사람의 영혼이 썩어서 그렇다, 영혼이 병들어서 그렇다고 표현해요. 그러니까 영혼에 관한 이야기는 종교뿐만 아니라 우리가 보편적으로 다뤄야 할 묵상 주제라고 생각합니다.

○ 신부님의 말씀이 당연하게 들리지만, 한편으로 신선하게 느껴지기도 해요. 현대인, 특히 한국 사람은 영혼이라는 단어 자체를 아예 잊고 산다는 생각이 들거든요.

● 보통 영혼이라는 단어를 '사람이 죽고 난 다음에 생기는 귀신' 정도로만 생각해요. 영성도 수도자의 용어이지, 우리와 관계없다고 생각하는데 사실 그렇진 않아요. 그저 사람이 되느냐 안 되느냐, 우리가 사는 사회가 어떤 사회가 될 것이냐 하는 질문과 바로 결부되는 문제입니다. 그러니까 불교도 그렇고, 가톨릭도 그렇고, 현재 몇몇 종교에서 잘못 가르치고 있는 것은 영성론을 이야기하면서 그게 "종교인이 되는 길이다"라고 말한다는 겁니다. 저는 그보다는 '사람답게 사는 길을 가르치는 게 영성이다'라고 말하고 싶습니다.

○ 한국인의 정신적 근간인 유교가 나쁜 점도 있고, 좋은 점도 있잖아요. 제가 어렸을 때만 해도 유교적 가르침에 따라서 사람답게 살아라, 하는 윤리를 어른이 가르쳐줬어요. 그때는 굳이 영혼을 들먹이지 않아도 사람다운 건 이런 것이고, 짐승 같은 건 이런 것이라는 기준이 있었던 것 같아요.

그런데 이제는 천민자본주의가 맹위를 떨치면서 인간과 짐승의 기준이 점점 희미해지고 있다고 해야 할까요? 문제는 인간의 기준을 넘어서는 짓을 했는데도 잘 사는 사람이 많아진다는 거예요. 한편으로 정도를 지키는 나만 손해 보는 것 같고, 밀려나는 것 같은 박탈감이 들고, 악순환이 계속되는 것 같습니다. 하지만 영성이 인간답게 사는 것과 결부돼 있다는 신부님의 말씀은 굉장히 신선합니다. 다만, 그것이 단순히 도덕의 문제가 아니라 영혼의 문제라고 한다면 지금 우리 사회는 심각한 문제를 안고 있다고 볼 수도 있겠군요.

● 공룡시대 때 큰 공룡이 작은 공룡을 다 잡아먹었다가 나중에 큰 공룡이 다 죽어버렸어요. 인간 사회도 똑같아요. 돈 벌어서 나만 행복하겠다고 욕심을 부리고, 가난한 사람을 등쳐 먹으면 결국엔 다 같이 죽는 겁니다. 그게 종말이에요. 그러니까 진정한 종말이란 기후 위기에서 오는 게 아니라 이익을 독식하는 구조가 만들어졌을 때 와요. 종말이 오면 악령이 날뛴다고 하는데, 사실은 그냥 악령이 아니라 돈이라는 악령에 사람이 빙의가 된 시대가 종말이라는 거죠. 그럼 가난한 사람만 사라지느냐? 그렇지는 않다는 걸

우린 코로나를 겪으면서 알게 되었잖아요. 가난한 사람이건 부자건 같이 살아야 종말을 면할 수 있고, 오래 살 수 있다는 겁니다. 그때 코로나의 근원이 중국의 우한뿐만 아니라 남아프리카공화국에서도 발견했다는데, 그 이야기를 듣는 순간, 남아프리카공화국 수도로 들어가는 길에 있던 굉장히 긴 빈민촌이 떠올랐어요. 판잣집이 다닥다닥 붙어 있었고, 화장실 한번 가려면 줄을 아주 오래 서서 기다려야 하는 굉장히 열악한 곳이었죠.

결론은 부자가 가난한 사람을 돕는 것은 선행이 아니라, 나 자신이 살기 위한 행위라는 걸 일깨워주는 계기가 됐다는 뜻입니다.

○ 한국 사회가 너무 각박하잖아요. 그러니까 위로 올라갈 수 있는 사다리를 이미 걷어차서 사다리 자체가 없는 사회라는 생각도 들고요. 다른 사람을 배려하고 도우라고들 하지만, 지금 한국 사회에서 그랬다가는 오히려 철저하게 이용만 당할 것 같다는 두려움이 있어요. 그래서 우리가 착하게 살아야 하고, 서로 도와줘야만 더 잘 살 수 있다는 말씀도 필요하지만 종교가 그런 역할을 적극적으로 해줬으면 좋겠는데, 조심스럽지만 그런 면에서 요즘은 종교의 존재감

이 잘 드러나지 않는다는 생각이 듭니다.

● 종교가 현실 문제에 얼마나 관여하고, 얼마나 관심을 갖는지와 연결돼 있다고 생각합니다. 종교 지도자에 따라 현실 문제에 개입하시는 분도 있고, 종교에만 안주하시는 분도 있어요. 예를 들어 김수환 추기경님처럼 사회 문제에 개입하시는 인물이 있죠. 그때는 종교에 대한 대중의 시선도 달라졌습니다. 그런데 저는 사실 종교가 자기만의 성城 안에 있으면 안 된다고 생각해요. 내 종교를 찾아서 오는 사람을 행복하게 해주려면 신앙만 가지고는 안 되거든요. 그 사람들이 사는 환경을 개선해줘야 하는데, 그러려면 현실적인 문제에 관여하지 않을 수 없는 거죠. 저는 결국 사람의 행복을 위해서 존재하는 게 종교라고 생각해요. 만약 그 종교가 사람을 불행하게 만들면 그걸 우리는 이단이라고 불러요. 신이 있느냐 없느냐가 중요한 게 아니에요. 이 종교가 사람에게 행복을 주느냐, 불행을 주느냐가 더 중요합니다.

○ **만약 신부님이 유튜브에서 인간답게 살고, 서로 돕고 살라고 말씀하시면 댓글에 "그건 당신이 사회에 살지 않으니**

까 그렇게 마음 편한 소리를 하는 거죠"라는 악플이 달릴 수도 있다고 생각해요. 즉, 종교인이기 때문에 세상 물정을 모른다는 비난이죠.

● 그런 얘기를 하는 사람은 과거에 좋지 않은 일을 겪어서 트라우마가 있는 것이라고 저는 생각해요. 그런데 다수는 아니더라고요. 실제로 사람은 사람에게 독이 되기도 하지만, 사람이 사람에게 보약이 되기도 해요. 누구를 만나느냐가 굉장히 중요하죠. 그리고 내가 다른 사람에게 선행을 베풀면 내 군대가 생겨요. BTS에게만 아미A.R.M.Y[1]가 있는 게 아니에요. 내가 선행을 베풀면 내가 힘들 때 그들이 나를 도와주거든요. 말뿐일지라도. 그게 굉장히 큰 힘이 돼요. 종교에서 선행을 하고 사랑을 베풀려고 하는 것은 단순히 종교적인 행위가 아니고 사실은 자기 자신을 위한 선택이라고 보는 게 맞아요. 그래서 나는 예수님이 굉장한 현실주의자였다고 생각해요. 이웃을 적으로 만들면 심리적으로 불안해져요. 길에서 마주치는 것도 불편하잖아요. 하지만

---

[1] 방탄소년단의 공식 팬덤명이다. Adorable Representative M.C for Youth의 약자.

친구로 만들면 사는 게 편해지고 불안도 줄어요. 그러니까 사랑이나 자비를 내가 베푼다고 해봐요. 물론 그 사람은 나에게 베풀지 않을 수도 있지만 그게 전부는 아니라는 겁니다. 확률상 베푸는 게 안 베푸는 것보다 나에게 훨씬 득이 된다는 말이에요.

○ **이런 말씀이 더 쉽게 와닿는 것 같아요.**

● 사람의 마음속에는 손익계산서가 있어요. 그 손익계산서가 뭐냐면 사람을 만날 때 이 사람이 나에게 득이 되나, 안 되나를 따져요. 나를 행복하게 해주는 사람이 득이 되는 사람이고, 그 사람을 우리는 친구라고 불러요. 친구끼리는 딜deal을 해도 동등한 딜을 해요. 서로 챙겨주는 거죠. 윈-윈win-win하는 거예요. 종교가 가르치는 이웃 사랑이라는 개념이 바로 윈-윈이에요. 자기가 손해를 보면서까지 일방적으로 주는 건 콤플렉스지, 윈-윈이 아니에요. 그렇게 윈-윈하는 사회를 만드는 게 종교의 목표예요. 이런 일을 정부가 하려고 하는 건 현실 가능성이 낮아요. 정부는 또 투표에 따라 바뀌지만, 종교는 지속성이 있잖아요. 그래서 다른 어떤 조직보다 종교가 이런 일을 하는 것이 더 효율적인 거

죠. 제가 이런 말을 하면 당신은 종교를 조직으로 이해하는 거냐고 묻는 사람도 있겠지만 상관없어요.

○ 인터뷰를 시작하기 전에 신부님이 데려가주신 식당에서 직원분들이 신부님을 환대해주시는 모습이 아주 인상 깊었어요. 신부님의 군대 같더라고요. 무엇보다 신부님은 현실 문제에 적극적으로 뛰어드시니까 사람이 어떤 문제로 힘들어하고 괴로워하는지 잘 아시잖아요. 또 영성 심리 연구를 통해 도움을 주고 계시기 때문에 존경받을 수밖에 없다고 생각합니다. 시종일관 사랑과 마음의 평화만 전하려는 종교 지도자들에게는 때로 공감하지 못하는 경우가 있으니까요.
그리고 종교라는 게 신이 있느냐 없느냐가 문제가 아니라 이웃을 사랑하고 사람을 사랑하는 게 더 중요하다는 말씀에 감동했어요. 제가 생각하기엔 어쩌면 신보다 더 중요한 지점일 수도 있는데, 제가 아는 일부 종교 지도자들은 좀처럼 그런 말씀을 해주시지 않거든요. 항상 신의 문제를 먼저 말하고 그것만 다루는 듯해서 사람들이 종교에 더 거리감을 느끼는 것 같습니다.

● 그것은 종교인 개개인의 콤플렉스 문제라고 생각해요. 현실 문제에 관여할 자신감이 떨어지거나 두려움이 많은 사람일 수 있죠. 저는 그것이 일종의 영적 도피라고 봐요. 성당에서 하루 종일 기도만 한다면 그건 도피 수단이자 자기방어 기제인 거죠. '나는 이렇게 기도했으니 됐어.' 이런 식으로 말이죠. 예컨대 김수환 추기경님은 항상 기도하시고 대중에게 메시지를 전하셨어요. 그것을 두고 찬반은 많이 갈렸지만 그래도 대중이 그분에게서 희망을 얻었잖아요. 저는 그것이 종교인의 역할이라고 생각해요. 저는 가톨릭 신부지만, 가톨릭교회의 존재 의의는 인류가 함께 살도록 기여하는 종교 중 하나일 뿐, 결국에는 모든 종교가 협심해서 하나의 평화로운 공동체를 만들어야 한다고 생각해요. 우리 종교만 유일하고, 우리만 구원을 줄 수 있다고 주장하면 분열을 획책하는 것이고, 저는 그것이 바로 이단이라고 생각해요.

○ 처음에는 무속인이 되려고 했다가 주님의 부름을 받고 신부가 되셨다는 이야기가 무척 흥미로웠습니다. 그렇게 무속인이 되려고 했을 때 죽음을 바라보는 시각과 신부가 되었을 때 죽음을 바라보는 시각은 굉장히 다를 것 같아요.

● 무속인이 되려고 했을 때는 죽음에 관한 생각이 전혀 없었고 그저 돈을 벌겠다는 생각밖에 없었어요. 그때는 돈이 너무 없어서 할 수 있는 일이 없더라고요. 그래서 무엇을 하면 돈을 쉽게 벌 수 있나 하고 보았더니 무속인이 가장 빠른 길이더라고요. 공부해서 고시 합격하고, 뭐 이런 건 굉장히 힘들잖아요. 그런데 무속인은 돈을 많이 벌거든요. 제가 얼마 전에 소득 통계를 봤는데 무속인의 소득이 상당히 많이 잡혀서 깜짝 놀랐어요. 젊었을 때 어떤 무당이 저더러 서른다섯이 되면 큰돈을 벌 것이라고 얘기해줘서 한동안 무속에 빠져 있었죠.

신부가 된 다음에 장례 미사를 굉장히 많이 집전했어요. 아마 지금까지 어린아이부터 노인, 자연사부터 사고사, 친구와 지인의 장례를 치르느라 한 300건 이상 미사를 올린 것 같아요. 그러다 보니 '나도 언젠가는 죽겠구나' 하는 생각이 들면서 또 한편으로 그렇다면 '사는 동안 뭘 해야 하지?' 하는 생각이 더 강하게 들었어요. '내가 세상을 떠나기 전에 뭘 남겨야 하지?' 이런 생각이 나이 들수록 더 강하게 들었는데, 결국 내가 신자에게 남길 수 있는 건 책과 영상밖에 없겠다는 생각이 들더라고요. 그래서 요즘은 그 작업에 집중하고 있어요. 건강 관리도 다 그 두 가지를 작업할 힘을 기르기 위해 하는 거고요. 그러니 '죽어서 내가 어디를 갈까' 이런 건 내 관심사가 아니에요.

○ **인터뷰 주제가 '죽음'이잖아요. 제가 다른 분도 인터뷰했는데, 대부분 죽음 이후 세계에 대한 나름의 생각을 갖고 계시더라고요. 그 이야기를 들으니 '죽음을 바라볼 때 두려움을 줄여주는 힘이 있지 않나' 싶었어요. 옳든 그르든 '죽음은 이런 것이겠지' 하고 나름의 답을 내린 사람과 아닌 사람은 죽음을 대하는 태도가 다른 것 같습니다.**

● 신자나 종교인 중에 죽음을 두려워하지 않는 사람이 있어요. 그런 사람은 영적 체험을 한 사람이에요. 저도 개인적인 체험을 한 적이 있어요. 제가 청년이었던 1980년대를 돌이켜보면, 사실 늘 죽는 게 무서웠어요. '나는 종교적으로 완전하게 살지 못했으니까 죽으면 연옥불이나 지옥불에 고통받을 거야'라는 불안감이 마음 한편에 항상 깔려 있었죠. 하느님은 사랑이 많은 분이지만 내 죄는 용서하지 않으실 거라는 생각 때문에 신앙생활이 즐겁지 않았고요. 항상 하느님의 눈치를 보는 신앙생활을 했어요. 죄책감도 많이 느껴서 무속인이 되려고 했는데 갑자기 하느님이 내게

나타난 거예요. 전혀 생각지도 않았을 때 말이죠. 그런데 그때 그 느낌이 무척 따뜻했어요. 하느님이라는 존재가 주는 따뜻함이 굉장해서 문득, 이대로 죽어도 좋겠다는 생각이 들더라고요. 지금도 그런 생각이 언뜻언뜻 들어요. 죽고 나서 내가 천당에 간다면 그 따뜻함으로 가겠다는 생각 말이에요. 그런 종교적 체험을 하는 사람은 삶에 대한 미련이 크지 않아요.

사는 건 어차피 병들고 아프고 할 수밖에 없는 시한부 인생이에요. 그렇지만 죽으면 그런 따스함 안에서 신과 함께 영원토록 사니까 나를 데려가달라고 기도하는 사람도 있는 거죠. 하지만 그런 체험을 해보지 못한 사람은 죽음 이후의 세계를 모르고, 세상에서 보여주는 내세에 대한 자료는 험악한 게 많잖아요. 지옥 말이에요. 가톨릭도 그렇고, 불교도 그렇고, 다른 종교도 다 똑같거든요. 이런 공포 신앙을 심어주니 사람들이 죽고 난 후 신에게 선택받기 위해 필사적으로 노력하게 만들었어요. 이럴 때 생기는 부작용은 내가 아무리 노력해도 신의 마음에 들 수 없으니 나는 지옥에 갈 게 틀림없다는 공포죠. 그런 사람은 죽음을 두려워해요. 저는 개인적으로는 성모님을 믿는 신심이 있어서, 내가 당신의 아들로 살다 죽은 후에는 당신과 함께 살 거라는 믿음이 있습니다. 인간적으로는 죽음이 두렵지만, 한편으로 그렇게 나쁘지 않을 것 같다는 생각도 하고 있어요.

○ **신부님은 우울증이나 불안 같은 정신적인 문제를 다루는 상담을 오랫동안 해오셨죠. 해결책이 몸을 움직이는 것이라고요. 그런데 신체 활동 말고 일상에서 느끼는 가벼운 우울감이나 불안감에는 어떻게 대처하면 좋을까요?**

● 제가 청년 시절에 우울감 속에서 굉장히 오랫동안 살았어요. 그때는 항상 부정적인 생각만 하고 우울해서 살맛이 안 났어요. 다만, 그때는 그것이 우울이라는 것도 몰랐어요. 그저 내 기분이 좀 침체되어 있구나, 그 정도로 생각했는데 나중에 심리학 공부하면서 그게 초기 우울증이었다는 걸 알게 됐죠. 우울감이 확실히 몸으로 와닿았던 때는 재개발 현장에 있을 때예요. 그때 그 가좌동 성당에서 사제로 있을 때 상황이 완전히 피폐해졌을 때 이야기예요. 주위에 사람도 없고 밤에 혼자서 사제관에서 누워 있는데 마음속에서 세 개의 감정이 동시에 올라왔어요. '우울, 불안, 분노' 세쌍둥이더라고요. 그중에서도 정말 견디기 힘들었던 건 우울과 불안이었어요. 그래서 우울을 떨쳐버리려고 책

도 보고 그랬는데 나중에 보니까 이 우울이란 게 뿌리 없이 허공에 떠다니는 먼지 같더라고요. 그래서 '아, 이건 쫓아내도 되겠구나'라는 자각이 들었어요.

미국의 한 심리학자는 '겟 아웃get out' 요법을 쓰라고 말했어요. 머릿속에 우울한 생각이 올라왔을 때 그것에게 나가라고 소리치는 거죠. 예수님이 마귀 들린 사람한테 "마귀야, 나가라"고 소리치셨다고 그러는데, 그게 진짜 마귀일 수도 있고 아닐 수도 있어요. 그 사람이 마귀에 들렸다는 착각 현상일 수도 있고요. 어쨌건 그 사람한테 권위 있는 사람이 나가라 그랬더니 치유가 됐다고 그래요. 그런 식으로 우리가 마음속에 있는 우울감이나 불안에게 나가라고 소리치면 가벼운 것들은 나가요.

○ **나가라는 게 이중적인 의미네요. 그냥 집 안에만 있지 말고 밖에 나가서 걷든지 바람을 쐬는 것도 나가는 것이고, 내 마음에 있는 부정적인 감정에게 나가라고 하는 것도 나가는 것이고.**

● 일단은 가만히 있는 상태에서 갑자기 우울해졌을 때는 나가라고 외치는 거죠. 그런데 그게 안 나갈 때는 이 환경

자체가 나를 우울의 벽으로 둘러싸고 있는 거예요. 그때는 자리를 바꿔야죠. 그것을 보고 우리는 기분 전환한다고 그래요. 바람 쐬러 나간다고. 그렇게 나가서 바람을 쐬면 우울이 뿌리가 없으니까 다 떨어져 나가는 거예요. 그래서 몸을 움직이는 게 중요하고요. 저는 또 우울할 때는 많이 웃으라고 말해요. 박장대소도 하고, 억지로라도 웃으면 우울이 약해져요. 그래서 우울할수록 웃긴 걸 많이 봐야 해요. 개그 프로그램 같은 거 보고요.

감정은 내가 무엇을 보느냐에 따라서 생기는 겁니다. 좋아하는 사람을 보거나 그 사람 생각을 하면 행복해지잖아요. 반대로 미운 사람을 생각하면 불쾌한 감정이 올라오죠. 그러니까 내 감정은 내가 선택하는 거죠. 우울한 감정이 올라오는 이유는 우울한 것을 생각하기 때문이에요. 그러니 그 우울한 일을 생각하지 않으면 돼요. 그게 말처럼 쉽지는 않지만 일단 해보는 거죠.

우울증 환자분들과 함께 집단 상담할 때 본 경우인데요. 어느 여자분이 우울증이 심해서 오셨어요. 그분이 어떤 일 때문에 우울하다고 이야기하시니까 어느 분이 눈을 감고 자식이 어렸을 때를 생각해보라고 말씀하셨어요. 그러니까 실제로 그분의 표정이 환해지더라고요. 그때 깨달았어요.

감정이 먼저가 아니라 무엇을 보고 생각하느냐에 따라 감정이 올라온다는 걸. 그렇다고 우울한 생각을 아예 안 하는 건 어려우니 나를 기쁘게 하는 걸 생각해야 해요. 이게 인지 치료예요. 하지만 내 의지로 생각을 바꾸는 게 힘드니까 부차적인 수단으로 쓰는 게 그림이나 사진이에요. 사는 게 너무 힘들 때는 열대지방 야자수가 우거진 바닷가 사진을 앞에 놓고 보세요. 그러면 중추 신경이 그걸 현실로 인식하기 시작해서 한참 보다 보면 파도 소리가 들린다는 거예요. 또 하나의 치유 방법이죠.

○ 저는 과거에 교회에도 다니고 성당에도 다녔어요. 그때 들은 이야기 중에 지금도 이해가 안 되는 게 있어요. "하느님을 믿지 않으면 아무리 착하게 살아도 천국에 갈 수 없다"라는 말이 납득이 안 돼요. 예컨대 신부님이 말씀하신 것처럼 평생 다른 사람들을 도우면서 산 사람이 천국 문 앞에 가서, 신자가 아니라는 이유로 쫓겨날 것인가? 저는 그게 궁금합니다.

● '신이 어떤 존재인가'라는 신론神論에서 다루는 문제인데, 내가 알고 있는 하느님을 믿지 않으면 구원 못 받는다는 말

은 하느님을 장사하는 도구로 이용하는 거라고 저는 생각해요. 전에 미국과 중동이 전쟁할 때 미국은 자기가 믿는 하느님을 위해서, 중동 사람도 자기가 믿는 신을 위해서 하는 전쟁이니 신전이라고 각자 주장했죠. 그런데 이스라엘과 하마스가 전쟁했을 때도 같은 논리로 싸웠지만 둘이 믿는 신은 같은 신이에요. 같은 야훼 하느님을 믿는데 이복형제인 거죠. 그러면서 신은 자신의 편만 든다고 주장했어요. 같은 아버지를 둔 이복형제끼리 누가 아버지의 사랑을 받고 누가 적자냐 하며 따지는 게 중동 전쟁이에요. 그렇다면 과연 그 아버지는 그 전쟁을 어떻게 생각할까요?

○ **어이없을 것 같아요.**

● 신이 볼 때는 '얘네들이 대체 어떤 신을 두고 얘기하는 거야? 나 말고 누구를 믿으라는 거야?' 싶어서 어이없을 것 같아요. 그래서 신론 자체는 하나의 이데올로기이지, 진짜 신을 믿는 게 아니라고 생각합니다.

오래전에 나사NASA가 국가 보조를 못 받았을 때 마지막 사업으로 했던 게 보이저 1, 2호를 띄워 올리는 것이었다고 해요. 그 우주선들이 우주를 항해하면서 사진을 찍어서 지구로 보내는 임무를 수행했는데 그때 칼 세이건이라는 천문학자가 카메라를 한 번만 뒤로 돌려서 사진을 찍어달라고 부탁했대요. 그렇게 찍힌 지구 사진을 제가 봤는데, 불그스름한 우주에 요만한 점 하나가 있었어요.

그 작은 점 같은 지구에 사는 인간은 바이러스 같은 존재더라고요. 말로는 만물의 영장이라고 하지만 바이러스끼리 서로 정의롭다고, 내가 믿는 신이 어떻다고 하면서 서로 학살해요. 신이 보면 무슨 생각을 하겠어요? 코로나가 발발했을 때도 저는 똑같은 생각을 했어요. 인간은 지구에 붙어서 기생하며 살아가는 존재인데 지구에서 핵실험을 하고 바다에 쓰레기를 버리잖아요. 그럼 지구 입장에서 인간이란 존재는 뭘까요? 그러니 코로나가 생긴 건 지구가 해충 같은 존재인 인간을 없애려고 자정 작업을 했다는 생각이 들어요. 그걸 구약에서는 노아의 홍수니 뭐니 한 거죠. 사실 코로나와 같은 일은 전에도 있었어요. 종말이라는 건 결국 인간이 지구에게 해충으로 여겨질 때 오는 거예요. 인간이 겸손한 자세로 지구를 해치지 않고 지구와 공생하며 살아가야 한다는 말입니다.

○ **코로나가 터졌을 때 사람들이 밖에 못 나왔잖아요. 유럽**

의 어느 지역에서 동물들이 자연스럽게 마을에 들어와 돌아다니는 영상을 봤는데 정말 아름답다고 생각한 적이 있어요. 사실 인간이 동물의 서식지를 침범해서 살고 있는 건 맞잖아요. 그러니 인간이 지구에 해악을 끼친다는 생각은 저도 했는데, 신부님은 그 지점을 종교적으로 바라보시고 노아의 방주와 연결하시네요.

● 구약 성서나 신약 성서에 나와 있는 이야기가 결국은 '인간이 다 같이 생존하려면 어떻게 살아야 하는가'에 관한 이야기입니다. 어떤 한 신을 믿으라는 게 아니고 생존 방법을 알려주는 거죠. 그러니까 인류의 조상이 살아오면서 무수한 고난을 겪으며 이렇게 '서로 사랑하고 도와가며 사는 게 신의 뜻이겠구나'라고 깨달은 걸 쓴 게 성경이라는 거죠. 성경뿐만 아니라 불경도 그렇고. 다른 종교의 경전도 마찬가지로 일종의 생존 서적이라고 봅니다. 그러니까 사실 신이 있느냐 없느냐는 중요하지 않습니다.

○ 신부님 말씀에 십분 공감하지만, 마지막 말씀은 일종의 뇌관을 건드리는 발언이 아닐까요? 종교계는 신이 있다는 전제 하에 존재하고 활동하는 거잖아요.

● 신이 있어야지 장사가 되니까요. 이건 제가 신부라서 할 수 있는 말입니다. 그래서 종교 입장에서는 신의 존재 유무가 중요하지만 제가 보기에는 인간이 다 죽어버리면 신이 살아갈 의미가 있겠어요? 저는 인간이 다 죽으면 신이 자살할 거라고 생각해요. 자식이 다 죽었는데 그 부모가 사는 게 무슨 의미가 있겠어요. 인간이 존재해야 신도 존재하는 거예요.

루이 에블리가 쓴 《사람에게 비는 하느님》(가톨릭출판사, 2022)이라는 책이 있어요. 사람이 하느님께 기도하는 게 아니라 하느님이 사람에게 기도한다는 내용의 책인데 비판을 많이 받았어요. 그 책에 신이 인간에게 애걸한다는 내용이 나오거든요. 제가 생각하는 신은 인간에게 서로 죽이지 말고 함께 살라는 메시지를 전하고 있어요. 그게 십계명입니다.

○ 《홍성남의 배꼽잡고 천국가기》(솔과학, 2023)에서 성지순례 간 부부 이야기가 정말 인상적이었습니다. 한 부부가 이스라엘에 성지순례를 갔는데 그곳에서 남편이 심장마비로 세상을 떠난 거예요. 부인은 이스라엘에서 장례를 치를 수 있었지만 큰 비용을 들여서 시신을 한국으로 옮겨 장례를

치렀고, 많은 사람의 칭송을 받았습니다. 사실 알고 보니 이 스라엘에 남편을 묻으면 부활할까 봐 두려워서 그랬다는 에 피소드가 아이러니하고 재미있더라고요.

● 저는 부활 신앙에는 관심이 없습니다. 부활한 사람을 만나본 적이 없어서 그렇기도 하고, 부활 신앙이 주로 사이비 종교의 전유물로 많이 사용되거든요. 흔히 사이비 교주가 자기가 부활할 것이라고 신도들을 속여서 금품을 갈취하는 일이 많이 일어나잖아요. 사실 부활 신앙은 고대부터 굉장히 오래된 화두였어요. 이집트의 미라도 부활 신앙 때문에 생긴 것이고요.

저는 심리학을 공부한 후부터 이렇게 생각하기 시작했어요. 내가 죽고 난 다음에 부활하는 것보다 더 중요한 건 지금 살아가면서 하는 내적인 부활이라고요. 그러니까 성장통을 겪으면서 내 삶이 조금 더 성장하는 부활이 중요하지, 죽고 난 다음에 다시 살아나는 게 중요하겠어요? 지금 새로운 부활의 삶을 살지 못하는데 죽고 난 후에 부활할 수 있을까요? 그러니까 중요한 건 죽고 난 다음이 아니라 지금이죠.

솔개라는 새가 생의 절반 정도를 살면 바위에 앉아서 자기 부리로 자기 털을 다 뽑고, 마지막으로 부리를 바위에 짓눌러서 부리를 없애버린대요. 그야말로 피떡이 되는 거죠. 그다음에 새 부리와 새 털이 자라나요. 그것이 부활이고 성장통이라고 해요. 그런 성장통을 견디고 새롭게 태어나는 사람은 당연히 이생에서 부활하는 거죠. 그런데 노력은 안 하고 부활만 기대하는 건 공부 안 하고 일류 대학에 가겠다는 것과 똑같아요. 노력을 안 하고 결과만 얻겠다는 거죠. 부활은 결과예요. 그러니 죽은 다음의 부활보다 지금 어떻게 살 것인지가 더 중요해요.

○ **대부분의 자기계발서의 화두는 '변화'잖아요. 그런데 신부님이 변화를 부활과 연결해서 말씀하시니 색다르면서도 좀 더 와닿습니다. 그리고 저도 변화해야 할 것 같기도 하고요.**

● 진화심리학자들이 그런 이야기를 많이 하죠. 진화하지 않으면 없어진다고요. 기업체들도 마찬가지예요. 돌아가신 이건희 전前 삼성 회장도 기업은 끊임없이 변화해야 한다고 하셨잖아요. 그래서 본인은 항상 새로운 아이디어를 찾기 위해 노력한다고요. 그렇게 진화하지 않고 안주하면

그 상태에 머무르는 게 아니라 도태된다고요. 그런데 인류 역사에서 이 원칙이 적용되지 않은 적이 없어요. 새롭게 살기 위해 끊임없이 고민하고 질문하는 것만이 끝까지 살아남을 수 있는 방법이죠. 그러니까 부활이라는 의미는 사실 종교에만 해당하는 게 아니라 기업과 국가에도 해당합니다. 로마 제국이 사라진 것도 안주했기 때문이에요. 사람도 마찬가지죠. 나이가 들어도 계속 공부하고 노력하는 사람은 어르신이라고 하고, 진상짓만 하는 사람은 늙은이라고 하잖아요. 그러니까 끊임없이 변화하고 진화하려고 노력해야 해요.

○ **그렇다면 가톨릭교회는 변화하고 있는 걸까요?**

● 가톨릭교회는 사회의 변화를 따라가기는 하는데 늦어요. 느린 이유는 덩치가 커서 그래요. 개신교는 변화가 빠르잖아요. 목사님 한 분이 결정을 내리면 바로 바뀌지만, 가톨릭은 세계적인 조직이자 거대 공룡이라 한 발자국을 내딛는 데 한참 걸리는 거예요. 대신 저는 가톨릭교회에 희망을 품고 있어요.

이런 일이 있었어요. 개신교 신자였다가 가톨릭으로 개종

한 언론인이 있었어요. 그 친구에게 왜 개종했냐고 물었더니 개신교가 문제가 많아서 개종했대요. 그래서 가톨릭도 문제가 많다고 하니까 자기도 아는데 가톨릭은 스스로를 정화하려는 노력을 한다는 거예요. 그 이야기를 듣고 나니 가톨릭교회 안에서도 변화하려는 세력과 그렇지 않으려는 세력이 공존하고 있는 것이 보이기 시작했어요. 예컨대 지난번 계엄 사태 때 꼰벤뚜알 프란치스코 수도회가 시위하던 시민들에게 화장실을 내줬잖아요. 그것이 일종의 개혁이었던 거죠.

원래 수도회는 외부 일에 관여하면 안 되는데 그 관례를 깨고 사람을 챙긴 거예요. 그런데 그 수도자들은 자기들이 한 일의 의미를 잘 모르더라고요. 우리가 뭐 큰일을 했나요? 이런 식이에요. 하지만 제가 보기엔 그것이 종교 개혁이에요. 가톨릭교회가 가장 자기다운 방식으로 사회 개혁을 향해서 한 발자국 나아간 거죠. 그런데 자체적으로 정화하려는 노력은 가톨릭교회 안에 계속 있었어요. 흔히 마르틴 루터의 종교 개혁만 알고 있지만, 그 후에 가톨릭 내부에서도 종교 개혁 세력이 생겼어요. 프란치스코 수도회를 비롯한 클뤼니Cluny, 도미니코Dominican Order 같은 수도회들이 굉장히 검소하고 가난하고 철저하게 수도자답게 살면서 교회를 떠나려고 했던 신자들의 마음을 되돌렸어요. 그런 정신이 지금도 가톨릭교회 안에 있고, 우리 교회는 느리지만 계속 진화하고 있어요.

○ **내가 죽고 나서 주위 사람들이 내가 다시 태어나길 원하는지를 생각해보라는 말씀도 충격이었어요. 나의 부활만 생각했지, 과연 주위 사람들이 그것을 원할지 생각하니까 어렵더라고요.**

● '주위 사람이 내가 다시 살아나기를 원할까?' 이것이 우리가 진정으로 묵상해야 하는 주제예요. 가톨릭교회에 많은 성인이 있잖아요. 많은 사람이 그 성인이 살아나기를 바라요. 그래서 그들이 성인인 거예요.
가장 좋은 인생은 많은 사람이 "저 사람은 죽으면 안 돼, 다시 살아나야 해"라고 반응하는 경우입니다. 이런 인생이 최상급이고요. 그다음으로 좋은 인생은 "저 사람이 죽었다니 아쉽네"라는 반응이 나오는 경우예요. 그 아래 단계는 "누가 죽었대" 하고 말하다가 시간이 지나면 잊히는 경우입니다. 마지막 단계는 누군가 죽었다는 소식을 들었을 때 사람들이 "그 사람은 절대 살아나면 안 돼"라고 말하는 경우에요. 그래서 독재자들의 무덤에는 사람들이 십자가를 꽂고 마늘과 소금을 뿌리기도 합니다. 다시 살아나지 못하게 하려는 거죠. 전두환은 지금 무덤조차 없다잖아요. 어디에 묻어도 사람들이 찾아내 파헤칠까 두려워서, 묫자리조차 정하지 못한 채 떠돌고 있다던데 그게 가장 불행한 삶이에요.

○ **죽어서도 쉴 곳을 찾지 못하는군요.**

● 그러니까 내가 죽고 난 다음에 내 무덤에 얼마나 많은 사람이 와서 그리워하고 울고 할지 그런 게 중요하죠. 그 사람이 가장 행복한 사람이니까. 얼마나 오래 살았느냐는 중요하지 않아요. 내가 죽고 나서 날 그리워하는 사람들이 얼마나 되느냐가 문제지. 그래서 강의 나가면 나는 항상 물어봐요. 당신이 죽고 나면 당신을 위해 울어줄 사람이 몇 사람이나 있냐고. 박산호 작가님은 몇 사람이나 울 것 같아요?

○ **지금 반성하고 있습니다.**

● 복음서에 나와 있는 것처럼 이웃을 사랑하고 가난한 사

람을 도우라고 하는 이유가 내가 죽고 난 다음에 나를 그리워하는 사람들을 많이 만들라는 거예요. 나만의 군대를 만들라고 하는 거죠. 그것이 왜 중요하냐면 내가 죽었어, 그런데 내가 죄를 많이 지어서 천당에 못 들어갈 것 같아, 그럴 때 사람들이 집단으로 탄원서를 올려주면 갈 수 있다는 거죠. 왜 사람 살려달라고 탄원서 쓰잖아요. 그거 본인이 시작한 거 아니잖아요. 종교도 똑같아요. 나를 위해 기도해주는 사람이 많아야지 구원받을 수 있다는 거예요. 어느 성당에 가고 하는 게 중요한 게 아니에요. 내가 구원받기를 원하는 사람이 많을 때 하느님도 '그래, 이렇게 많은 사람이 원하니 구원해주자' 이렇게 되는 거죠. 그래서 선행이 그토록 중요한 겁니다.

○ **조금 다른 이야기인데요. 신부님들은 신부가 주인공으로 나오는 영화를 보시나요? 《검은 사제들》 같은 영화요.**

● 《검은 사제들》은 봤죠. 어떻게 하나 보려고.

○ **어떠셨어요?**

● 일단은 가능하지 않은 이야기예요. 현실 사제단 안에서는 불가능해요.

○ **엑소시즘이 불가능하다는 건가요?**

● 그게 아니라 영화에서 나오는 것처럼 개인적으로 활동하는 게 불가능하다는 얘기예요. 그리고 바티칸에 구마 사제 양성소가 있어요. 거기서 교육을 받고 나와야 구마사제의 권한이 생기거든요. 그런데 강동원 배우가 연기한 인물은 신출내기 신부잖아요. 그러니 구마권驅魔權이 없어요. 그리고 영화《검은 수녀들》은 수녀가 엑소시스트가 된다는 얘기인데, 수녀에게도 구마권이 없어요.

옛날에는 성인전을 보면 성인들이 악마를 봤다는 이야기가 나왔어요. 악마에게 꼬리가 있고, 뿔도 있고, 얼굴이 뻘겋더라, 뱀이더라 하는 기록이요. 그런데 다 지난 이야기이고. 요즘은 악령으로 진화해서 무존재가 됐어요.

전에는 악령이 존재를 드러내서 공포 분위기를 조성했지만, 지금은 그렇지 않아요. 그냥 사람 마음 안에 스며들어서 그 사람을 파괴하죠. 그게 진짜 악령이에요. 그러니까 악령에 들린 사람은 영화《엑소시스트》에 나오는 것처럼 눈을 까뒤집는 존재가 아니라 멀쩡해 보이는 사람이 악행을 저질렀을 때 악령에 '빙의'됐다고 보는 거죠.

○ **범죄를 저지른 사람에게 면죄부를 주는 느낌인데요.**

● 그래서 말을 못하는 거죠. 전에 사춘기 고등학생이 어린 아이를 살인한 사건이 있었어요. 그 학생이 교도소에 가서도 전혀 반성의 기미가 없다고 하더라고요. 범죄 심리학자는 그것을 살인범의 심리라고 했는데, 우리는 악령이 들렸다고 보는 거예요. 왜냐하면 인간이 악행을 저지를 수 있는 데는 한계가 있거든요. 악령에 대해 좀 더 설명하자면, 일단 사람 마음 안에는 자아가 있어요. 어른의 자아가 있고, 내재아內在兒라고 굉장히 미성숙한 자아가 하나 있어요. 내가 철없는 행동을 할 때는 내 안에 있는 내재아가 움직이는 거죠. 그런데 그 밑에 또 사악한 내재아가 있는 거예요. '저 인간을 죽여버리고 싶다.' 이런 마음을 일으키는 게 사악한 내재아예요. 옛날에는 그것을 보고 악령이 들렸다고 해서 구마하려고 했는데, 그게 아니라 사악한 내재아가 내 안에 있는 거죠. 그것을 신학자는 '원죄'라고 불러요.

○ **그게 원죄인가요?**

● 그게 원죄예요. 근본적으로 인간 안에 존재하는 악한 존재인데 크지는 않아요. 그러니까 우리가 신앙생활을 하는 건 이 사악한 자아가 크지 못하게 하려고 그러는 거죠. 이것은 적개심을 먹고 자라요. 그래서 우리가 어떤 사람에 대해 크게 분노하면 그 사악한 자아가 그 분노를 부추기고 적개심을 갖게 해서 그 사람을 죽이게 만드는 거예요. 그런데 사악한 자아는 내 안에 있지만, 밖에서 들어오는 존재는 악령이에요. 다만, 현대의 악령은 무존재, 비존재로 떠돌다가 내 안에 들어와 나를 통제하려고 해요. 그래서 요즘은 성수로 구마하는 게 아니라 심리 분석을 통해 '네 안에 있는 이 자아는 네 것이 아니다'라는 식으로 구마를 하죠.

○ **내 안에 있는 사악한 자아와 밖에서 들어오는 악령을 어떻게 구분할 수 있어요?**

● 내 안에 있는 사악한 자아는 사람을 만났을 때 문득 쟤를 죽여버리고 싶다는 생각이 들게 만들어요. 또는 길을 걷고 있는데 앞에 가는 사람을 돌로 쳐서 죽이고 싶다는 충동이

들게 하죠. 그건 사악한 자아가 하는 일이죠. 그럴 때는 '너 조용히 있어!' 하고 그 사악한 자아를 눌러 버려야 해요. 이게 절제죠. 그런데 밖에서 들어온 악령은 내 영혼을 지배해요. 악령이 주인이고 나는 그냥 좀비가 돼요. 그래서 살인을 하고도 가책을 못 느끼고 통제가 안 되죠. 그래서 대량 학살을 저지르는 사람은 악령이 씌었다고 하는 거예요. 하지만 그건 진짜 면죄부가 되는 거니까 함부로 이야기할 수 없는 거죠.

○ **신부님이 운영하시는 영성 심리 방송에서 굉장히 많은 위로와 힘을 받았는데요, 다만 가톨릭교회에서도 신부님의 활동을 지지해주는지 궁금합니다.**

● 가톨릭교회는 '신' 중심이었어요. 하느님이 중요하고 하느님의 뜻이 중요했죠. 그러니까 신앙생활은 신자들이 하느님의 마음에 들기 위한 행위였고요. 그래서 교회는 신자가 아닌 신에게만 관심이 있었어요. 그런 식으로 오랫동안 지속되다가 1960년대에서 1970년대에 가톨릭교회에 많은 논란이 생겼죠. 더는 이렇게는 못 살겠다며 환속하는 신부님들이 많았어요. 그때 교황청에서 이 위기를 어떻게 타개

할지 고민했는데, 1971년에 나선 신부님이 계시죠. 예수회 신부님 중 하나로 룰라 신부님이에요.

○ **아, 알아요. 유명하시죠.**

● 가톨릭교회에서 룰라 신부님한테 바티칸의 그레고리안 대학교에 영성심리학부를 만들어서 학생을 양성하라고 했어요. 가톨릭교회는 두 개의 자기가 있어요. '이상적인 자기'와 '현실적인 자기'가 있는데 교회는 이상적인 자기만 강조한 거죠. 순교자처럼, 성인처럼 살라고 하면서 현실적인 자기에는 관심을 두지 않았어요. 현실적인 자기한테는 맨날 죄짓고 사는 놈이라고 비판하니 많은 신자에게 신경증이 나타났어요. 우울증이 온 거죠. 종교적 우울증이 생겼고, 정신병에 걸린 사람도 있고요.

그래서 룰라 신부님에게 이상적인 자기가 아닌 현실적인 자기에 관해 관심을 가지는 학문을 만들어서 가르치라고 했어요. 현실적인 자기를 나쁜 사람으로 만들지 말고, 현실적인 자기를 있는 그대로 받아들이고 이해하는 신앙생활을 하라는 가르침을 1970년부터 시작하신 거죠. 그것을 바깥에서는 진보라고 말한 겁니다. 신 중심은 보수, 인간 중심은 진보라고들 하는데, 사실 그런 진보와 보수의 개념보다는 어느 쪽에 초점을 맞출 것인지가 더 정확한 개념이라고 볼 수 있죠.

가톨릭교회는 1970년대부터 나 자신에 관한 관심을 가지기 시작했지만, 워낙 오랫동안 신을 중심으로만 돌아가다 보니 그게 잘 안 돼요. 한국은 더 안 됐고요. 한국은 유교적 관념과 가톨릭의 엄격주의가 합쳐졌어요. 유럽 교회보다 더 엄격해요. 인간 중심으로 신자를 살펴야 하는데 그런 이야기가 잘 퍼지지 않는 거죠. 그래서 제 강의를 낯설어하며 잘 받아들이지 못하시는 분도 계세요.

○ **유튜브 댓글에서 봤어요. "신부님 왜 그렇게 말씀하세요?" 이런 말들이요.**

● 제가 그동안 욕도 많이 먹었지만 그래도 계속 이야기했어요. 그래도 다행히 바깥 사회에서 정신과 의사도 적극적으로 활동하면서 인간의 정신에 대한 이야기를 많이 하니까 조금씩 이해하기 시작했어요. 하지만 아직도 쉽지 않아요. 특히 지방으로 갈수록 더 힘들어요. 지방은 정말 유교적이거든요. 돌밭에 씨 뿌리는 기분으로 일하고 있습니다.

○ **신부님이 하시는 영성 심리 분야의 일을 이어갈 후계자는 키우고 계신가요?**

● 후계자 만들 여유가 없어요. 지금 내가 돌밭에 돌 키우느라고 바빠서.

○ **신부님이 영원히 살아 계시면 좋겠지만, 누군가는 신부님이 시작하신 일을 이어가면 좋겠어요.**

● 그래서 제가 만든 영상이나 책을 보고 같이 일해주는 사람이 있으면 좋겠다 싶었는데, 몇 달 전에 호남신학대학교에서 학술제를 해서 내려갔더니 이미 그레고리안대학교에서 박사학위를 받고 들어온 후배들이 여러 명 있더라고요.

○ **영성 심리학 쪽으로요?**

● 그렇죠. 신학교에서 이미 교육을 시작했는데 이것이 신을 섬기는 학문보다 더 어려워요. 보이지 않는 신에 대해서 설명하는 건 사실 그렇게 어려운 일이 아니거든요. 그런데 이건 '나'라는 인간의 마음의 실체를 분석해야 하니 쉽지 않

죠. 사람은 자기가 생각하기에 익숙하지 않은 개념은 안 받아들여요. 그래도 유튜브와 책으로 많이 전파했고, 사제단 강의도 많이 다녔어요. 다만, 걱정이 되는 건 가톨릭교회는 굉장히 느린데에 비해 개신교는 벌써 상담대학원을 많이 만들어서 상담가를 많이 양성했어요. 검증이 다 되어 있는지 걱정이 됩니다. 가톨릭교회는 느리지만, 검증은 철저히 하거든요. 어쨌든 지금은 신자에게 마음의 개념을 가르치기도 벅찬 상태입니다.

○ 책에 나온 에피소드 중에 정말 절실하게 제 마음에 와닿은 게 있어요. 절벽에 매달린 신부가 주님에게 살려달라고 해서 주님이 손을 놓고 떨어지면 구해주겠다고 하셨는데 신부가 떨어지지 않았어요. 다음엔 성모 마리아님에게 살려달라고 했는데 역시 손을 놓지 않아서 계속 절벽에 매달려 있다는 이야기였죠. 우리의 인생을 관통하는 정말 좋은 비유라는 생각이 들어요.

● 그러니까 이건 기적에 관한 이야기예요. 우리는 기도해서 기적이 일어나 내 문제가 해결되기를 바라죠. 그런데 사실 신의 은총은 신이 인간에게 직접 주는 게 아니라 사람을

통해서 와요. 절벽에 매달려 있을 때 신에게 기도하니 구해주겠다는 사람이 왔는데 너희 말고 하느님이 직접 와야 한다는 마음인 거죠. 그게 특혜 의식인데 그런 이론을 주로 쓰는 게 사이비 종교예요. 사이비 종교는 내가 너희에게 기적을 직접 내려주겠다고 해요. 하지만 우리가 하느님께 도움을 청하면 하느님은 당신이 창조한 다른 존재를 통해 도움을 주시지 당신이 직접 개입하시지는 않거든요. 내가 힘들 때 나를 도와주러 온 사람은 하느님이 보냈다고 생각하는 게 가장 건강한 거죠. 또 누가 나에게 도움을 청하러 왔을 때도 이 사람은 하느님이 보냈구나, 생각해야 하고. 저는 상담할 때 그런 걸 많이 느껴요. 그래서 우리는 그냥 최선을 다하고, 기도하고 나머지는 하느님께 맡기는 게 맞는다는 이야기예요.

○ 신경증 이야기 중에서는 '화' 이야기가 와닿았어요. 신부님은 화를 억압하지 않고 제대로 표출할 줄 알아야 한다고 하셨잖아요. 그런데 한국 사회에서 제대로 화를 내는 게 가능할까요? 약자가 강자에게 화를 낼 수 있는 구조가 아니잖아요. 부당한 상황에서 화를 내면 불이익을 받으니, 그것을 계속 억누르다 보면 상담을 받아야 하는 상황이 벌어지고

요. 우리는 어떻게 화를 잘 낼 수 있을까요?

● 일단 '분노'라는 개념부터 설명해야 할 것 같아요. 마음 안에 분노를 두면 안 된다고 하신 스님이 있었어요. 저는 그 말이 맞는 동시에 틀렸다고 생각해요. 분노는 마음의 배설물이에요. 우리가 음식을 먹으면 배설물이 생기잖아요. 참으면 어떻게 되죠? 대변을 안 보면 변비가 생기겠죠. 사람들을 만나다 보면 갈등이 생길 수밖에 없고, 마음에 분노가 생겨요. 그걸 참고 누르면 정신적 변비가 생기죠. 그러다 보면 다른 기능도 다 마비가 돼요. 그래서 그 분노의 양이 적을 때는 그 분노를 이해할 필요가 있어요. '너 왜 화가 났니? 그럴 만도 하다.' 이런 대화를 나 자신과 하면 분노가 풀려요. 화가 났을 때 사람이랑 대화하고 그 사람이 공감해 주면 화가 풀리잖아요. 그런 이치인 거죠.

그런데 분노의 양이 너무 커요. 지금 복통이 생겨서 화장실에 가고 싶어요. 그럴 때는 대화를 하나요? 아니죠. 화장실이 급한데 대화할 시간이 어디 있어요? 분노가 너무 클 때는 배설해야 해요. 그걸 해소한다고 그래요. 마음의 배설물은 입으로 눠야 해요. 그걸 우리는 전문용어로 '욕'이라고 해요. 제일 좋은 방법은 고래고래 소리를 지르면서 욕하는 거예요. 술 먹고 길 가면서 쌍욕하는 사람이 심리적인 치유를 잘하는 사람들이에요. 저는 재개발하는 본당에 있을 때 샌드백을 사다놓고 그걸 두들겨패면서 욕을 했어요. 그곳에서 5년 반 있는 동안 암에 안 걸리고 나온 가장 중요한 치료법이 샌드백을 때리는 거였어요. 샌드백을 발로 차고 때리면서 분노가 마음에 쌓일 시간을 주지 않았어요. 그것이 쌓이다 보면 내 신체 부위 중에 가장 약한 곳을 공격하고 병에 걸려요.

집단 상담에 가면 베개를 하나씩 줘요. 미운 사람이라고 생각하며 패라고요. 해소법이죠. 집에 분노 해소용 베개를 하나씩 두면 좋아요. 옛날 우리 어머님들은 이미 다 하셨어요. 며느리들과 같이 시아버지 옷을 다듬이질하고, 우물가에서 빨래하면서 풀었죠. 온갖 욕을 다 하면서요. 다듬이질 소리와 빨래 소리가 워낙 크니까 아무도 몰랐던 거죠.

그런데 그렇게 욕을 하거나 분노를 해소하려면 공간이 필요한데 마땅한 공간이 없을 때는 걸으면서 욕하는 방법도 있어요. 일본의 사회학자인 모리 박사가 제시한 방법인데 걸어가면서 작은 소리로 욕을 잘근잘근 씹어서 뱉는 방법이죠. 그렇게 해도 풀려요. 그런데 그것도 하지 못할 때는 낙서장에 글로 쓰세요. 남들은 몰라보게 자기만 아는 말로 쓰면 되죠.

○ 많은 사람이 화가 나거나 억울할 때 소셜 미디어에 "내가 이런 진상을 만났어" 하고 글을 올리잖아요. 그러면 또 누가 와서 댓글로 "뭐 그런 진상이 있어?"라고 공감해주고요. 다만, 이것은 혼자 욕을 하거나 낙서장에 적는 게 아니라 밖으로 표출하는 거잖아요. 이것도 올바른 방법일까요?

● 그렇긴 한데, 공개적으로 분노를 표출하면 사람들이 처음에는 공감해주다가 점점 그 사람을 피하게 돼요. 저 분노의 화살이 나한테도 올 것 같거든요. 그게 위험해요. 그래서 혼자 골방에서 지랄 발광하고, 나올 때는 우아하게 나와야 해요. 밖에서는 항상 예의를 갖추고 우아한 말만 쓰고요. 나 혼자 있을 때 망가지는 게 분노 해소법이에요. 용변을 우아하게 보는 사람은 없어요. 근데 화장실에서 나올 때는 옷매무새를 다 고치죠. 분노를 정말 잘 다루는 사람은 우아하게 말하는 사람이에요.

○ 인간은 인생에서 살아가는 의미를 발견해야 하는 존재라고 쓰셨잖아요. 저는 그 말에 공감했는데, 다만, 그 말에 동

의하지 못하는 사람도 많을 것 같아요. 삶의 의미라는 것도 먹고 살 만한 사람이나 찾는 거지, 하루 벌어 하루 먹고 살기도 힘들다고 느끼는 사람도 많을 것 같거든요. 그렇게 열악한 처지에 있는 사람은 어떻게 하면 삶의 의미를 찾을 수 있을까요?

● 그 질문에 대한 답은 기대예요. 아기가 막 태어났을 때 부모가 아기를 보고 "이 아이는 큰 인물이 되겠어"라고 해요. 자라면서 이런 기대에 부응하는 삶을 살고 싶고, 자기라는 존재에 어떤 의미가 있다고 생각하죠. 아이는 커서 중요한 인물이 되겠다는 기대감을 가지죠. 그걸 '자기 기대'라고 해요. 그런데 부모가 "애는 별 볼 일 없겠네"라고 하면 자기 기대감이 없어지고 사는 의미도 없어져요. 그러니까 '내 삶에는 의미가 있어, 내가 세상에 태어난 데는 어떤 소명이 있어'라고 생각하는 사람은 부모에게 기대를 받았던 거고, 반면 사는 게 힘들고 아무 의미가 없다고 생각하는 사람은 부모에게 기대를 못 받은 경우가 있죠.

그래서 프로이트가 그런 얘기를 했어요. 노년에 내가 이렇게 여기까지 올 수 있었던 건 다 우리 어머니 덕분이었다고요. 프로이트의 어머니가 프로이트를 데리고 어딜 가는데 동네 할머니가 프로이트를 보고 나중에 큰 인물이 되겠다고 했대요. 그래서 어머니가 아들에게 기대를 걸고 키웠다고 하더군요.

본당 신부도 신자가 자기에게 기대와 관심을 가지느냐 아니냐에 따라 사명 의식이 생기기도 하고, 사라지기도 하거든요. 제가 지금 박산호 작가님을 보면서 "나중에 정말 세계적으로 큰 작가가 되겠다" 이렇게 말해주는 것과 "그냥 삼류로 끝나겠다" 이렇게 이야기하는 건 느낌이 완전히 다르잖아요. 이게 사람이에요. 약하고 흔들리기 쉬운 사람의 마음에 기대와 칭찬과 관심을 주는 것이 그 사람의 존재 가치를 느끼게 해주는 것이고 그게 심리 치료죠. 종교의 의미도 마찬가지로 사람이 자기 존재의 의미를 깨닫게 도와주는 것이죠. 죄의식을 심어주는 종교는 좋지 않아요.

○ 내 인생엔 아무 의미도 없다고 말하는 사람을 보면 어렸을 때 부모에게 방치되거나 학대받은 경우가 종종 있잖아요. 그런데 오히려 역으로 요새 부모들이 너무 많은 기대를 해서 아이를 망친다는 말도 나오는 것 같아요. 어떻게 생각하세요?

● 그쪽은 과보호고, 너무 큰 기대를 거는 거죠. 질문을 하나 할게요. 하늘에서도 움직이고 땅에서도 움직이고 바다에서도 움직이는 동물이 무엇일까요?

○ **뭐죠?**

● 오리!

○ **아….**

● 하늘과 땅과 바다에서 다 활동하는데 날지 못하고 땅에서도 제대로 걷지 못하고 수영도 잘 못해요. 그게 오리예요. 과보호하면 오리가 돼요. 크지를 못해요. 우리 애는 하늘도 날아야 하고, 땅에서는 뛰어야 하고, 바다에서도 헤엄쳐야 하고, 다 잘해야 한다고 하면 애가 오리가 돼요.

○ **아주 적절한 비유인데요.**

● 그러니까 애들을 오리 떼로 만든 것이죠. 그걸 몰라. 기대를 걸면 아이들이 다 그대로 될 줄 알아요. 아이들이 다

잘하는 만능 박사가 되길 원하지만, 그런 사람이 어디 있어요? 그러다 보면 특출난 게 하나도 없는 오리가 되는 거죠. 특출난 애들은 독수리예요. 고래거나 표범이고요. 한 분야에서 특출난 건데 우리는 모든 걸 다 잘하고 완전해야 한다고 생각해요. 그건 착각이에요.

○ 신부님은 오랫동안 신을 믿으며 신도들을 위해서 봉사하셨고, 불교적 관점에서 말하면 비신자인 사람들에게도 유튜브를 통해서 복을 짓는 삶을 사셨다고 생각해요. 제가 보기에는 굉장히 충만한 삶이었을 것 같은데 신부님은 어떠세요? 나중에 죽음이 다가오면 잘 살았다고 생각하실 것 같나요?

● 만족은 아니지만 행복했어요. 내가 신부가 아니었다면 이렇게 많은 사람한테 사랑을 받았을까. 이 많은 신자한테 지지와 격려를 받았을까. 그런 생각을 하면 행복하죠. 근데 만족스럽진 않아요. 왜냐하면 내가 부족하니까요. 조금 더 해야 하는데 항상 미흡하고 불만족스러운 게 더 많죠. 저는 신부가 된 게 과분하다는 생각을 많이 갖고 있어요. 내가 가진 능력은 요만큼인데, 정말 과대 평가받았다고 생각해

요. 하느님과 신자들에게 미안한 마음이 늘 있어요.

○ 인터뷰하면서 사람들을 굉장히 많이 만났는데, 행복하다고 하신 분은 신부님이 처음인 것 같아요.

○ 천주교에서는 스스로 목숨을 끊은 사람의 장례 미사를 치르지 않는 것으로 알고 있었는데요. 알고 보니 교회법이 바뀌어서 이제는 장례 미사를 치러준다는 걸 알게 되었는데 맞을까요?

● 교회법이 바뀐 지 좀 됐습니다. 하지만 그전에도 돌아가신 분의 사정과 상황을 고려해서 신부의 재량으로 장례 미사를 드리는 경우도 종종 있었습니다. 규칙에 얽매여서 돌아가신 분의 마음을 헤아리지 못하는 건 진정한 종교의 역할이 아니라고 생각합니다.

○ 스스로 목숨을 끊는 일이 점점 많아지는 것 같습니다. 한국에서는 '극단적인 선택'이라는 표현을 자주 사용하는데요. 그런 점에 대해 정신의학자 나종호 교수님은 자살은 선택이 아니니 극단적인 선택이라는 표현은 적절하지 못하다

고 지적하셨어요. 자살은 과연 선택의 문제일까요?

● 나종호 교수님의 의견에 동의해요. 그건 선택의 문제가 아니에요. 사람은 살려고 하는 욕구가 강해요. 자살하려고 다리에서 떨어진 사람이 난간을 잡고 매달려서 살려달라고 한 사례도 있어요. 살려는 욕구를 꺾는 외적 환경에 내몰려서 거기까지 간 거죠. 두 번째는 내적 환경입니다. 조금 전에 말씀드린 것처럼 내 안에서 죽는 게 더 나아, 너 같은 건 살아봤자 아무 관심도 없어, 하는 유혹자의 소리를 듣고 따라가서 죽는 거죠. 내적 학대, 사회적 학대를 받아서 죽는 게 자살이기에 극단적 선택이라는 말은 틀렸다고 생각합니다. 그건 자살이 아니라 사회적 타살이라고 생각합니다.

○ 영성 심리 일을 하시게 된 계기가 있나요?

● 사춘기 때 가톨릭교회에 입문했어요. 그런데 매일 밤 지옥에 가는 꿈을 꾸고 심각한 우울증에 시달려서 성당에 발을 끊었죠. 이후에 군대에 다녀와서는 무속인이 되려다가 신을 만나서 다시 신학교에 들어갔어요. 하지만 그곳에서도 제가 원했던 답을 찾지 못했어요. 그때가 군부 정권이라

제가 해방 신학과 좌파 이데올로기에 빠져들었습니다. 그러다가 신부가 되니까 내 성당만 중요해진 거예요. 신자와의 관계에만 관심을 가지고, 신자에게 사랑받고 싶어서 착한 사람 콤플렉스가 생겼어요. 그렇게 10년쯤 지나자 탈진했어요. 번아웃이 온 거죠. 그러면서도 신도를 점점 멀리하게 되고, 알코올 중독 초기까지 갔고, 강론하는 것도 부담스러웠어요.

나도 내 삶의 의미를 모르는데 이 사람들에게 강론하는 게 무슨 의미가 있을까 하는 생각이 들었어요. 그렇게 힘들어하던 10년 차, 제가 마흔셋이었을 때 후배가 상담을 받아보라고 했어요. 그래서 예수회 신부님에게 상담받았는데, 그분이 제가 전혀 몰랐던 신세계로 이끌어준 거죠. 그전에는 하느님과 신자의 마음에 맞춘 사제 생활을 해왔는데, 상담을 받으러 가니 저에 대한 질문을 하는 거예요. 그게 낯설었어요. 그 과정을 통해 나 자신에게 관심을 가졌어요.

우리가 건강 관리는 하지만 보통 자기 마음에 대한 관심은 잘 안 가지잖아요. 마음이 굉장히 민감한 존재라는 걸 그때 처음 알았어요. 내가 그렇게 비천한 사람이 아니라는 걸 처음으로 인식했고요. 나에 대해 호기심과 호감이 생기기 시작했어요. 대학원에서 영성 심리학을 전공했을 때 거기에 있는 모든 과목을 들으면서 공부에 대한 희열감과 기쁨을 느꼈어요. 공부가 맛있더라고요. 심리학 책도 정말 맛있었고요. 전에는 공부가 지루한 암기 과목에 불과했는데 심리학은 정말 맛있는 음식이었습니다. 폭식하듯이 책을 읽으면서 정말 즐거웠어요. 제일 통쾌했던 게 내가 정상이 아니라는 걸 알고 후련했어요. 아니어도 괜찮다는 걸 깨달았고요. 심리학 공부를 하면서 나다워지고 자유로워졌어요. 그런데 나는 자유로워졌지만 공부가 끝나고 보니 다른 사람들은 여전히 그 마음의 감옥 안에 갇혀 있더라고요. 그래서 이들을 탈출시켜야겠다고 생각했죠. 그래서 처음으로 썼던 책 제목이 《새장 밖으로》(아니무스, 2012)예요. 나는 신자가 신뿐만 아니라 자신의 마음에도 관심을 가지기를 바랐어요.

○ **건강 관리가 아닌 마음을 관리하는 일에 관심을 가지는 건 좀 어려운 것 같아요.**

● 마음을 관리하는 방법은 자기와의 대화예요. 내 자아와 대화를 나눠야 해요. 내가 어릴 때 사람들이 나를 불렀던 이름으로 나를 불러보세요. 그러면 처음에는 안 나타나다

가 계속 부르면 눈물이 쏟아져요. '내가 옛날에 이랬어' 하면서 과거의 기억들이 올라오는 거죠. 그럼 '네가 그랬구나' 하면서 달래줘야 해요. 그 과정을 통해 내 안의 상처를 치유해가면서 우리는 성장하게 됩니다. 자기와의 대화가 어려우니까 상담가가 대신해주는 거예요. 그러니까 상담가는 예인선이에요. 어느 정도까지 끌어주고, 그다음에 본인이 하게 두는 거죠. 자기 이름을 부르면서 '너 그때 애썼어, 힘들었어, 많이 힘들었지' 하고 얘기해주는 게 아주 중요해요.

○ **신부님도 그 과정을 거치셨나요?**

● 지금도 하고 있습니다. 지금도요. 지금도 나는 철저하게 내 편을 들어줘요. 내가 잘못했어도 '오늘 그만하면 훌륭했어!'라고요.

○ **그럼 성장에는 끝이 없다는 뜻인가요?**

● 공감을 해주면 내 안의 내가 이러는 거죠. '칭찬 그만해, 나 이제 더 열심히 살게'라고요 그러니까 나는 밀어주기만

하고, 밀어주면 내 안의 내가 알아서 달려가는 거예요. 그게 성장이라는 거죠.

○ **예를 들어 새해 초에 세운 약속들을 하나도 못 지켰는데 '너는 왜 이래?' 하고 혼내면 안 되는 거네요.**

● 절대로 안 돼요. 금기나 혼나는 얘기는 너무 많이 들었거든. 어릴 때도 들었고, 사회로부터 들었고요. 혼내는 얘기라는 건 마음의 감옥을 만드는 거예요. 심리 치료는 그 감옥을 깨뜨리는 것이고요. 그러니까 우리가 갇혀 있는 감옥의 이름은 '그래야 해, 혹은 그러지 말았어야 해'라는 거예요. 그게 해방이죠. 너는 닭이 아니라 독수리라고 말해주고요. 닭으로 살고 싶어 하는 사람들이 있지만, 아닌 사람들도 있어요. 그런 사람에게 '넌 독수리야, 우리 밖으로 나와서 날아봐, 날면 날개가 생겨'라고 하는 거죠. 예수님이 그런 이야기를 하신 적이 있어요. "불리는 자는 많으나 뽑히는 자는 적다"라고요. 불리운 자는 많지만 뽑힌 자는 적다는 것은 우리 밖으로 나오라고 소리쳤는데 우리 밖으로 나오는 사람은 적고 다들 우리 안에 산다는 거예요. 그래서 '아, 이게 모든 사람한테 다 해당되는 건 아니구나'라는 생

각이 들었지만, 우리 안에 있는 사람이 그래도 "듣는 것만으로도 시원합니다"라고 얘기를 해요.

사실 종교인은 신자를 되도록 많이 우리 안에 가두고 싶어 해요. 그래야 통제가 쉬우니까 그렇죠. 보수파가 내 이야기를 들으면 신자의 기강을 흔드는 걸로 생각해요. 그런데 나는 그렇게 생각 안 해요. 독수리는 날 때가 되면 날아가도 잘 때는 집으로 오거든요.

○ **잘 때는 온다는 건 그만큼 믿음이 있기 때문이겠네요.**

● 내가 독수리한테 애정을 주면 날아갔다가도 다시 와요. 귀소 본능이 있거든요. 근데 돌아왔을 때 족쇄를 채운다고 하면 안 돌아와요.

○ **어떻게 보면 부모와 자식 간에도 적용될 수 있는 말이네요.**

● 당연히 부모가 제일 중요하고, 두 번째가 학교 선생, 세 번째가 종교예요. 종교가 맨 마지막 보루예요. 종교보다 종교인이 마지막 보루예요. 나는 그래서 이태석 신부님 같은

분이 정말 의미 있는 분이라고 생각해요.

난 종교가 저렴한 쉼터여야 된다고 생각해요. 거기서 계속 머무는 건 안 되지만 와서 쉬었다가 떠나고 또 쉬었다가 떠나는 거죠. 한때는 종교가 심리 치료 센터가 돼야 한다는 이야기도 했어요. 지금도 같은 생각을 하고 있고요.

○ **제가 그래서 신부님의 이야기를 좋아하나 봐요. 그 말씀 안에 온기가 있거든요. 그렇게 의지할 수 있는 온기를 사람들도 좋아하는 것 같습니다.**

● 내가 트라우마도 많았고, 정신적인 장애를 많이 겪어서 뭐가 힘든지를 알거든요. 그러니까 그런 사람들에 대한 애정이 있어요. 도와주고 싶다는 마음이 있고요. 신부가 아니더라도 이 일을 할 거예요. 근데 문제는 돈을 목적으로 하면 이야기가 달라져요. 종교인이건 의사건 똑같아요. 사람을 현금 자판기로 생각해선 안 됩니다. 신에게 죄를 짓는 거예요. 교회의 존재 목적은 마음을 다친 사람을 치유해주는 겁니다. 저는 무료로 상담해줍니다. 그래서 비난도 받았지만 그래도 무료 상담을 계속할 겁니다. 상담 비용을 낼 여력이 없는 사람들이 많거든요.

인터뷰하는 내내 신부님은 환경과 정치, 영혼의 문제를 오가며 부활과 죽음에 대해 저돌적이고 화통한 말씀을 해주셨다. 지금도 어딘가에서 사회 정의를 구현하기 위해 애쓰는 의인을 지지하고 보살피는 활동을 활발하게 하고 계실 신부님을 생각하면 마음이 든든해진다.

죽음을 주제로 인터뷰를 진행하면서 죽음을 많이 생각하게 됐지만, 내가 죽고 나서 부활했을 때 반겨주는 이, 내 부활을 원하는 이가 몇이나 될지 생각해보라는 신부님의 말씀은 마치 죽비를 맞는 것 같은 충격을 주었다. 죽음과 부활에 대해 생각한 끝에 현생에서 선하게 살며 남을 도와 나를 위한 군대를 만들어야겠다는 결론을 내리게 된 건 나에게 아주 좋은 소득이기도 했다.

올해 나는 건강이 좋지 못해서 여러 병원을 전전하며 진단을 받고, 치료와 수술을 받느라 상반기를 다 보내고 말았다. 물론 그만큼 죽음을 생각할 수 있는 실질적인 계기가 되기도 했다. 그 과정에서 결국 남은 건 사람의 인생에 있어 사랑이 가장 중요하다는 깨달음이었다. 살아 있을 때 내 옆에 있는 사람을 사랑하는 것. 나를 지지하고 위해주는 군대를 만드는 것. 그 생각 덕분에 힘을 낼 수 있었고, 실제로 나를 위로하고 염려하고 응원해주는 여러 사람 덕분에 힘든 시간을 무사히 통과할 수 있었다.

얼마나 오래 살았느냐는
중요하지 않아요.
내가 죽고 나서 날 그리워하는 사람들이
얼마나 되느냐가 문제지.

5부

필연적으로
삶과 죽음은 연결됩니다

호스피스 의사 김여환

"좋은 삶은 어떤 것인가?" 묻고 싶어요.
제가 생각하는 좋은 삶은
아프지 않고 사는 거예요.

죽음을 꼭 받아들여야 한다고는 생각하지 않아요.
죽음을 왜 편안하게 받아들여야 하나요?

"너무 슬퍼하지 마.
 난 그냥 강을 건너는 거야."

김여환 선생님을 만나기 전에 《천 번의 죽음이 내게 알려준 것들》(포레스트북스, 2021)을 읽었다. 죽음에 대해 문과생 특유의 관념적 질문과 접근으로 다가가는 나에게, 죽음을 일상적으로 접하며 환자들을 돌봐온 김여환 선생님은 필요할 때는 따끔하게 내 편견을 지적하면서도 시종일관 다정하고 따뜻하게 자신이 만난 환자들과 유가족들의 이야기를 들려주었다. 이 인터뷰는 죽음에 관한 이야기이자, 동시에 선생님이 근무한 호스피스 시설의 특성상 죽음을 앞둔 암 환자들에 관한 기록이다. 한국인이 평생 암에 걸릴 확률은 38퍼센트에 이르고, 사망 원인 1위 또한 암이다. 이러한 현실을 생생하게 체감하게 하는, 암의 맨얼굴을 마주하는 듯한 경험을 안겨준 인터뷰였다.

○ 선생님의 책을 처음 읽었을 때는 성함만 보고 저도 모르게 남자분일 거라고 짐작했어요. 그런데 이번에 인터뷰하면서 여성분인 걸 알고 놀랐습니다. 상상했던 것보다 더 멋지고 우아하십니다.

● 칭찬해주셔서 감사합니다. 사실 저의 이름에는 한국 문화의 흔적이 깃들어 있습니다. 저희 집은 남존여비 사상이 강했거든요. 부모님이 딸만 내리 셋을 낳으시다 보니, 다음에는 꼭 아들을 낳으라는 의미로 이름을 지어주셨어요. 이후 어머니는 아들 둘을 낳으셨는데, 첫째는 태어난 지 한 달 만에 세상을 떠났고, 둘째 아들이 결국 어머니의 임종을 지켰습니다. 돌이켜보면 어머니와 두 아들의 삶과 죽음은 그렇게 맞닿아 이어져 있는 것 같습니다. 저는 죽음이 삶과 따로 떨어져 있는 것이 아니라, 삶이 이어지고 연결되어 마침내 죽음이 되고, 또 그 죽음이 다시 다른 삶으로 이어진다고 생각합니다.

○ 《천 번의 죽음이 내게 알려준 것들》을 몇 년 전에 읽었을 때와 이번에 인터뷰 준비하면서 읽었을 때의 느낌이 다르더라고요. 아마도 제가 요새 병원에서 수많은 검사를 받고 입

원까지 하다 보니 더 그렇게 느꼈던 것 같습니다.

● 네, 지금도 안색이 별로 안 좋아 보이세요.

○ 신장이 안 좋아요. 건강검진을 했는데 신장 수치가 좋지 않아서 그 원인을 밝히느라 몇 달에 걸쳐서 검사받았어요. 결국에는 입원까지 했는데 답답하고 우울하고 불안하더라고요. 그 과정에서 선생님의 책을 다시 읽다 보니 처음에 읽었을 때와 다르게 죽음, 용기, 인내와 같은 주제에 대해서 제 생각이 달라진 걸 느꼈습니다. 아마 죽음이 아주 먼 곳에 있는 게 아니라 언제든 나를 찾아올 수 있는 가까운 일이라는 생각이 드니 그랬던 것 같아요.

● 저의 이야기가 아니고 환자분들의 이야기라서 그럴 거예요. 사실 저도 힘들 때면 제가 쓴 책을 다시 펼쳐보곤 합니다. 다른 사람에게는 보여줄 수는 없지만, 책 속에 등장한 환자분들을 촬영한 동영상도 따로 보관하고 있거든요. 책에 실린 그분들의 에피소드를 읽고 그 영상을 다시 보면 '아, 저분들이 마지막에 저렇게 살아오셨지'라는 생각이 들더라고요. 그렇게 저 역시 다시 감명받고는 합니다.

○ 선생님이 담당하신 환자분들의 사진과 영상을 찍어드린다고 하셨잖아요. 그런데 환자분들이 다 동의하시나요? 조심스럽지만 아픈 내 모습이 찍히는 건 싫다고 하시는 분들도 있을 것 같아요.

● 그게요, 작가님, 관계가 좋아지면 다 허용된답니다. 공감대를 형성하는 과정없이 무턱대고 사진을 찍었다면 항의가 바로 들어왔겠죠. 이것이 좋은 예시인 줄은 잘 모르겠지만, 저에게는 손녀가 한 명 있어요. 그 아이가 태어나자마자 중환자실에 입원하는 바람에 제가 일을 그만두고 돌봐준 시간이 있었어요. 그래서 그런지 손녀는 제가 자기 사진을 찍어도 아무 거리낌이 없더라고요. 다른 사람도 마찬가지죠. 저와 친하고 의사·환자의 라포rapport가 잘 형성된 환자분은 사진을 찍어 드리면 오히려 고마워하고 좋아하셨어요. 그렇게 저는 환자분들이 활짝 웃고 계시는 모습이 담겨 있는 사진을《행복을 요리하는 의사》(시선디자인, 2010)라는 책에 담았어요. 물론 책 출판 전에 모든 환자분과 보호자분에게 동의서는 받았고요.

환자분들과 관계가 좋았던 이유는 제가 환자분들을 돌봐드리면서 극심한 통증을 없애 드렸기 때문이에요. 당시에 육체적으로나 정신적으로나 심적으로 편해진 환자분들이 웃는 모습을 제가 디지털카메라로 찍은 후 바로 인화해서 드리고는 했죠. 그 사진으로 영정사진을 하겠다는 분도 계셨어요. 사진 작업은 빠르게 해야만 했어요. 제 환자분들에게는 내일이 보장되어 있지 않거든요. 그렇기에 "사진 왜 찍어요?" 하고 묻는 분은 단 한 분도 안 계셨어요.

○ 의사와 환자 간의 신뢰가 굳건하게 형성돼 있으니까 환자분의 사진을 찍어도 마음이 상하거나 불쾌해하지 않으셨다는 말씀이군요.

● 서로 사랑하고 좋아하니까요. '이 사람이 나쁜 목적으로 내 사진을 찍지는 않을 것이다' '오히려 찍어줘서 고맙다' 하고 생각하신 거죠. 사실 저도 저의 약한 모습이나 몸을 보여주는 건 싫어요. 그때 그 환자분들이 저와 같이 웃으면서 사진을 찍었던 건 저를 믿어주셨기 때문이에요. 그런데 요즘은 그런 소중한 관계가 조금씩 사라지는 것 같아서 아쉽습니다.

○ 그런 관계를 쌓는 게 쉽지 않죠. 선생님은 호스피스 시설

에서 일하시면서 많은 분의 죽음을 지켜보셨는데요. 그런 경험을 하시면서 좋은 죽음은 무엇이라고 생각하시게 되었나요?

● "좋은 삶은 어떤 것인가?" 되묻고 싶어요. 저에게는 죽음을 정의하고 판단할 자격이 없어요. 어떤 형태의 죽음이라도 각자의 이유와 사정이 있을 테니까요. 그러니 좋고 나쁨에 대한 판단은 내리면 안 된다고 생각합니다.
다만, 많은 사람이 저에게 이 질문을 해요. 그럴 때마다 저는 좋은 삶은 무엇일까 생각하고는 합니다. 제가 생각하는 좋은 삶은요, 아프지 않고 사는 거예요. 매일 도끼에 찍히는 것 같은 끔찍한 통증에 시달린다고 생각해보세요. 그건 살아 있다고 해도 사는 게 아니잖아요.

○ 생각지도 못했던 대답입니다. 아프지 않고 사는 게 좋은 삶이라는 말씀, 정말 공감해요. 저도 나이가 들수록 아픈 곳이 늘어나다 보니 더 절실하게 다가옵니다.

● 제 환자분들이 이런 말씀을 많이 하세요. "어차피 나 죽을 거 나도 다 안다, 근데 죽을 때 좀 안 아팠으면 좋겠다"

라고요. 그래서 굳이 말씀드리자면 좋은 죽음은 아프지 않게 죽는 거, 그거 하나라고 생각해요. 1970년대에 저의 외할머니가 위암으로 돌아가셨어요. 그때도 위암 환자는 많았지만, 그들에게 쓸 수 있는 모르핀 같은 진통제가 없었어요. 그래서 할머니는 가시처럼 마른 몸으로 너무 아파하시다가 앉아서 돌아가셨다고 들었어요. 위암 말기에는 물도 못 마시거든요. 그래서 저희 어머니가 많이 우셨어요. 저희 어머니도 폐암에 걸리셨다가 암이 뼈로 전이돼서 2012년에 돌아가셨거든요. 사실 암이 뼈로 전이되면 모르핀이 잘 안 들어요. 약물이 뼈까지는 잘 도달하지 않아서 말로 표현할 수 없는 통증을 겪기 마련이거든요. 그런데 제가 어머니를 호스피스 병동으로 모셔서 아프지 않게 보내드렸어요. 저는 통증 없는 죽음이 현대 의학의 꽃이라고 환자분들에게 꼭 말씀드려요. 그렇게 우리는 좋은 죽음을 맞이할 수 있다고 생각합니다.

○ **아프지 않고 죽는 게 좋은 죽음이라는 선생님의 말씀이 매우 현실적이면서도 와닿습니다.**

● 처음에는 죽을 때만큼은 아프지 않으면 좋겠다는 마음

을 잘 몰랐는데 수많은 환자분들이 똑같이 말씀하셔서 알게 되었어요. 흔히 고통이 없는 죽음을 안락사라고 생각하잖아요. 하지만 안락사를 하지 않고도 고통 없이 세상을 떠나는 방법도 있다는 사실을 알려드리고 싶어요.

○ **많은 사람이 죽음을 두려워하잖아요. 마지막에 가면 굉장히 고통스러울 것 같고, 문자 그대로 숨이 끊어지는 고통을 상상하게 되니까요. 죽음을 생각하기도 싫고, 무서워만 하는 악순환으로 이어지는 것 같아요. 그런데 선생님의 말씀을 들으니 위로가 되고, 두려움도 덜어지는 듯합니다.**

● "죽음은 폭력"이에요. 시몬 드 보부아르라는 철학자가 본인의 어머니가 난소암으로 돌아가셨을 때 한 말이에요. 난소암도 암성 통증이 극심한 암이에요. 췌장암의 고통이 무척 크다고 하잖아요. 난소암도 마찬가지입니다. 그처럼 고통스러운 암인데 모르핀도 안 쓰고 그냥 견디며 돌아가셨대요. 그 과정을 몸소 지켜본 그 철학자가 책을 썼어요. 《아주 편안한 죽음》(을유문화사, 2021)이라는 책인데, 이 책에 고통에 대한 적나라한 묘사가 나와요. 의료적인 지원을 제공하지 않으면 특히 암 환자는 죽어가는 과정 자체가 고통

이에요. 그래서 의료적인 접근이 꼭 필요해요.

○ 호스피스 시설에서 환자가 의료진의 도움을 받으면 통증을 조절해서 최대한 편안하게 삶을 마무리할 수 있다고 들었어요. 육체적인 통증을 덜어내는 것 외에 편안하게 삶을 마무리할 수 있는 또 다른 조건이 있을까요?

● 통증 관리 외에 다른 조건에 대해서는 개개인의 삶으로 깊숙이 들어가야 하니 제가 말씀드리기는 어려워요. 일단 육체적인 통증 조절이 안 되는 환자가 아주 많아요. 여러 가지 이유가 있겠지만 가장 안타까운 건 보호자가 환자에게 암에 걸렸다는 소식을 전하지 않아서 호스피스에 들어가지 못하는 경우예요. 사회 분위기 때문에 가족이 환자에게 암에 걸렸다는 사실을 전하는 걸 꺼리기도 하고요. 일반 병원에서는 모르핀 사용을 적극적으로 할 수 없으니 환자가 고통을 안고 죽어가는 겁니다. 우리나라에 있는 호스피스 병동은 몇 곳 안 되는데, 한국 사람이 암으로 죽을 확률은 높죠. 또 호스피스 병동에 들어가고 싶다고 해서 다 들어갈 수 있는 것도 아니에요. 입원하면 일정 기간 동안 머물러야 하고, 법적인 규제도 많아서 아직까지는 고통스럽

게 삶의 마지막을 맞이하는 암 환자가 많습니다. 그래서 죽음을 앞둔 환자에게는 꼭 암에 걸렸다는 사실을 알리셔야 합니다. 통증 케어도 중요하지만, 그 사실을 알아야 각자의 방식으로 삶을 정리하고, 마무리할 수 있죠. 사람에 따라서 그 사실을 잘 받아들이시는 분도 계시고, 죽기 싫다고 저항하시는 분도 계세요. 그건 그분의 평소 사고방식과 철학, 그리고 삶의 애착에 달린 문제이니 우리가 왈가왈부할 일은 아니죠.

편안한 죽음이 어떤 것인지, 저의 명확한 생각을 밝히는 건 조심스러워요. 다만, 죽음을 담담하게 받아들이시는 분들의 공통점을 보면 죽음이 다가왔다는 소식을 정확하게 알게 되신 분들, 그리고 평소에 삶이 힘드셨던 분들인 것 같아요. 사람들은 삶이 힘들다는 이유로 죽고 싶다는 생각도 하고, 우울증에 빠지기도 하죠. 하지만 제가 보았을 때 삶이 정말 힘들고, 끔찍하게 고통스러운 시간을 보낸 적이 있는 사람들은 자식을 먼저 보낸 분들이에요.

최근에 손주가 세상을 떠날 뻔한 적이 있었어요. 그때 제 딸이 너무 큰 충격을 받아서 심장박동이 40회 정도로 아주 느리게 뛴 적이 있었어요. 손주가 태어나는 날에 자식들을 한꺼번에 잃을 뻔했는데, 그때 머릿속이 새하얘지더라고요. 먼저 세상을 떠난 자식을 통해서 죽음을 배운 사람, 죽음보다 더 깊은 삶을 살았던 사람, 사업이 망해서 죽을 뻔했던 사람. 이분들은 비교적 쉽게 죽음을 받아들이세요. 반면에 삶의 우여곡절이 많지 않았던 분은 여든이 돼도 더 살고 싶어 하시는데, 저는 그게 나쁜 태도라고 생각하지 않아요. 사는 게 너무 즐거운 분들이 죽음을 받아들이지 못하는 건 당연하다고 생각해요. 저는 죽음을 꼭 받아들여야 한다고는 생각하지 않아요. 죽음을 왜 편안하게 받아들여야 하나요?

○ **죽음을 영원히 피할 수는 없잖아요?**

● 죽음을 피할 순 없죠. 하지만 수능 칠 때도 잘 보고 싶지만 못 보는 사람도 있고, 실수하는 사람도 있듯이, 죽을 때도 "난 죽기 싫어" 하면서 죽어갈 수도 있는 거잖아요. 죽음을 편안하게 받아들이는 것만 좋은 죽음이라고 생각하지 않아요. 저는 죽음을 받아들이지 못하는 사람도 봤어요. 그래서 그분에게는 죽지 말라고 말했죠. 그분의 자식이 세 살 때 그분의 실수로 눈이 멀었어요. 자기 아들이 자기 실수로 눈이 먼 거죠. 그래서 이혼하고 그 아들을 혼자 키웠어요.

그분에게는 아들을 장애인 교수로 키우고 싶은 꿈이 있었어요. 제가 그 아드님을 봤는데 공부도 잘하고 아주 훌륭하게 잘 자라셨더라고요. 그렇게 열심히 키워서 교수로 만들고 싶었는데 본인이 암에 걸린 거예요. 그래서 본인이 원하는 꿈을 이룰 때까지는 우리 호스피스 병동에 오지 않고 대신 통증 조절을 하기로 합의를 봤죠. 그렇게 삶에 대한 집착이나 꿈을 안고 가는 사람도 있고 다 내려놓고 가는 사람도 있는데, 꼭 다 내려놓고 가는 사람만이 우리의 롤모델은 아닌 것 같아요. '내 아이가 잘됐으면 좋겠다.' 그런 마음을 굳게 품고 가는 것도 좋은 죽음이라고 생각해요.

○ **흔히 죽음을 말할 때는 정말 다 내려놓고 평화롭게 가자고 하잖아요. 어차피 살아 있는 동안 우리가 가졌던 것은 다 놔두고 가야 하니까 그냥 모든 걸 내려놓고 가는 게 가장 좋은 죽음이라고들 말하잖아요.**

● 그건 환상이죠, 환상. 죽음에 대한 환상. 작가님도 아실 거예요.

○ **선생님이 말씀해주신 그 시각장애인의 어머님처럼 삶에**

특별한 목표가 있고 의지가 강한 분은 죽음을 대하는 태도가 다를 것 같아요.

한편으로 선생님의 책에 나온 임종의 단계를 보고 놀랐어요. 제 주위에서 그렇게 돌아가신 분이 없어서 그랬던 것 같아요. 사람이 죽는다는 건 드라마에서 보는 것처럼 병세가 나빠져서 서서히 혼수상태에 빠졌다가 이제 돌아가셨습니다 하고 의사가 선언하는 식으로만 상상했는데 그 단계가 굉장히 구체적이어서 마음의 대비가 저절로 됐어요. 저에겐 부모님도 계시니까요.

● 작가님이 말씀하신 임종의 단계를 궁금해하시는 분들이 많아요. '드라마에서 보는 것처럼 유언을 남긴 후에 며칠, 몇 주, 한 달에 걸쳐 죽어가나요?' 하고 물어보시는데 사실 병에 따라 달라요. 그래서 임종의 단계를 미리 알아두는 게 실질적으로는 큰 의미가 없습니다.

질병에 따라서 폐암에 걸렸더라도 폐렴에 걸려서 돌아가시기도 하고, 또 간암인데 간성 혼수에 빠지는 환자도 계세요. 일반적으로 소변이 적게 나오기 시작하면 음식을 못 드시다가 서서히 의식이 없는 상태로 돌아가시는 경우도 절반 정도 되고요.

처음에 소변이 안 나오기 시작하면 일반 병원에서는 소변이 잘 나올 수 있도록 환자의 몸에 링거로 수액을 퍼붓거든요. 그러다 보면 환자의 몸이 부어서 돌아가시는 경우가 있는데, 호스피스 병동에서는 이미 사전연명의료의향서를 써 오시는 분이 많기 때문에 링거는 자제하게 되죠. 그러다 보면 수포음이라고 이제 가래가 약간 끓기 시작해요. 그러다 호흡기에 시크리션secretion(분비물)이 많아지면 호흡이 점점 힘들어지죠. 그래도 의식이 있어서 우리가 하는 말은 다 알아들으세요. 하지만 본인이 말씀하실 수는 없습니다. 말을 하는데 필요한 혀를 움직이는 게 사실 굉장히 힘든 일이거든요. 그래서 저는 환자분에게 건강하실 때 하고 싶은 말씀을 많이 하시라고 해요. 하지만 듣는 건 끝까지 들을 수는 있어서 임종 직전에 보호자분들이 악기 연주를 해주시는 경우도 많아요. 바이올리니스트 아드님의 연주를 들으시던 아버님이 눈물을 흘리셨던 적도 있었어요. 그러다 며칠 뒤에 돌아가셨죠.

그래서 환자가 듣고 있다는 표시를 못 해도 마지막에 좋은 말씀을 해드리는 게 좋아요. 그러면 편안하게 돌아가시죠. 당신이 있어서 너무 행복했다고 말씀드리면서 따뜻하게 손도 잡아드리고요. 손길도 느낄 수 있으니까요. 그렇게 편안하게 마무리가 되는 거죠.

하지만 그것도 마음대로 안 될 수 있어요. 환자가 폐렴에 걸려서 갑자기 숨도 못 쉬고 돌아가실 수도 있고, 암이 머리로 전이 돼서 의식이 없는 상태로 돌아가실 수도 있어요. 그러니 건강할 때 마지막을 생각하면서 대화를 많이 하시라고 이야기합니다.

그리고 마지막에는 가족이 주치의에게 "어머님이 어떻게 돌아가실까요?" 하고 물어보는 게 좋아요. 환자 상태는 주치의가 제일 잘 알기 때문에 그분에게 설명을 듣는 게 시간도 절약하고 도움이 돼요.

사실 죽음을 준비하는 공부는 필요가 없어요. 우리 고등학교 다닐 때 미적분 많이 배웠는데 사회에 나와서 써먹은 적 있나요? 그런 것처럼 죽음을 준비하는 것도 현실에서는 실천할 수 없는 경우가 많습니다. 제 환자분을 위해 쓴 임종실 생활 안내문이 있는데, 방금 말씀드린 내용이 포함돼 있거든요. 이 정도만 알고 계셔도 됩니다.

○ **선생님이 현장에서 많은 사례를 접하시니까 명쾌하게 이야기해주신 것 같아요. 막연히 알고 있었던 것들의 허점을 밝혀주셔서 좋네요.**

● 맞아요. 실상은 다릅니다.

○ 죽음을 일상에서 접하기는 쉽지 않으니까요. 예전에는 집에서 돌아가시는 분이 많았지만, 요즘은 죽음과 삶이 격리되어 있으니 죽음에 대해 더 무지해지는 것 같습니다.

○ 책에 나온 루시아 씨 사례도 좀 눈물겨웠어요. 처음에는 안락사를 원하셨다가 호스피스에 오셔서 나름의 행복한 결말을 맞이하셨는데, 책에 나온 것처럼 호스피스에서도 안락사를 원하는 환자가 많은가요?

● 많죠. 이런 경우를 생각해보세요. 작가님이 만약에 내일 죽을 것 같다고 생각하는데 담당의와 친해졌다면 어떻겠어요? 의사는 모든 약을 가지고 있으니 잠자는 약도 가지고 있겠죠. 그러면 환자분이 이렇게 말씀하실 수도 있는 거죠. "김 선생, 내가 어차피 죽을 건데 한 방에 가는 거 없나?" 이렇게 요구하거나 아니면 "선생님, 이런 거 많이 해보셨잖아요. 저는 살날이 얼마나 남았나요?" 하고 물어보시는 환자분들이 많아요.

처음에 제가 국립암센터에서 호스피스 강의를 들었을 때

이런 질문에 대한 대처법을 가르쳐주지 않았어요. 그래서 한 3, 4년은 어떻게 대처해야 할지 모르겠더라고요. 그런 질문에 대답을 안 해주면 제가 환자분을 무시하는 것 같고요.

그러다가 시간이 흐르면서 저만의 노하우가 생기더군요. 루시아 씨한테도 드렸던 말씀이에요. 제가 그랬어요. "루시아 씨, 이제까지 정말 잘 살았는데 그 마지막을 자살로 마감하면 나중에 절대자에게 갔을 때 어떻겠어요?"라고요. 루시아 씨는 가톨릭 신자였거든요. 그러니 이때까지 잘 사셨고 이제부터는 제가 안 아프게 해드리겠다고 했죠. 호스피스에 오면 사람들은 남은 삶을 '찌꺼기 삶'이라고 던져버려요.

어떤 아이가 〈생명의 건전지〉라는 시를 썼는데, 그 비유를 빌려볼게요. 호스피스 병동에 온 분들은 생명의 건전지가 정말 조금 남은 거죠. 호스피스 병동이 그래요.

저는 그 건전지가 다 닳을 때까지 사는 게 인간적이라고 생각해요. 내일 죽어도 여한이 없다고 하는 사람도 삶의 의미가 조금은 남아 있거든요. 손주를 한 번 더 보고 싶거나, 남아 있는 가족을 위해서 기도한다든지, 그것도 굉장히 중요한 일이잖아요.

그런 것들을 제가 환자분에게 설명해드리면 다들 납득하세요. 그리고 제가 환자분들이 활짝 웃고 계시는 사진들을 병동에 쭉 붙여놨어요. 다른 환자분들이 그걸 보시고 남은 삶을 자기가 아닌 곁에 남아 있는 사람들을 위해 보내겠다고 다짐하시죠. 저 사진에 있는 사람도 이곳을 웃으며 거쳐 갔구나 하고 생각하시면서요.

호스피스에서의 삶은 보통 한 달 정도 지속됩니다. 그 한 달을 삶으로 끌고 오는 거죠. 그렇게 환자분들을 삶 속으로 끌어들이는 게 제 노하우였어요. 죽음이 바로 자기 뒤에서 기다리고 있는 걸 알면서 아무렇지 않게 살기는 힘들어요. 그런데 사람이 죽는다고 해서 모든 게 끝나는 건 아닌 것 같아요. 영혼이 남아서 이어지게 되죠. 그렇게 죽어서도 계속 살게 되고요.

한편으로 보면 살아서도 관계가 단절되어 사회적인 죽음을 맞이하는 사람도 많잖아요. 경주에 가보면 천마총이라고 지증왕의 능으로 추정되는 고분이 있어요. 옛날에는 왕족이 죽으면 그 무덤 안에서 살아간다고 생각했잖아요. 그래서 무덤 안에 쌀, 그릇, 옷, 이불 등등 필요한 물품을 다 넣어두었고요. 사람이 사는 집이랑 똑같죠. 그런데 천마총은 보통 집과 다르게 딱 하나 없는 게 있어요. 창문이 없어요.

저는 삶과 죽음의 차이를 설명할 때 무덤과 집으로 설명해요. 소통이 없는 게 죽음인 거죠. 그처럼 살아서도 타인과 소통 없이 지내는 사람이 얼마나 많아요. 저는 모든 관계가 끊어지는 것, 그것이 바로 죽음이라고 생각해요.

그렇지만 루시아 씨처럼 죽은 다음에도 사랑하는 이들을 통해 세상과 소통하는 사람은 육신은 죽었어도, 영혼은 살아 있다고 생각하고 싶어요. 남편분도, 올케분도 봉사하시며 세상과 교감하시잖아요. 이것이 바로 제가 죽음에 대해서 인문학적으로 해석하는 유일한 부분입니다. 그래도 저는 의사라서 이렇게 해석하면 안 돼요. 작가님과의 대화 덕분에 할 수 있는 이야기입니다.

○ 오히려 의사라서 인문학적인 접근이 필요하다고 생각해요. '그냥 나는 통증을 줄여주는 의사야'라고 기계적으로만 표현한다면 그건 일에 불과하잖아요. 그런데 지금 삶과 죽음에 굉장히 다양한 의미를 부여해주셨잖아요. 그 의미가 저로서도 굉장히 공감이 갑니다.

선생님의 말씀을 정리해보면 삶과 죽음은 관계로 인해 확장되고, 연속된다는 거잖아요. 루시아 씨는 사랑하는 가족이 있으니까, 행복하게 돌아가실 수 있었다고 감히 생각해봐요. 그런데 요즘은 1인 가구도 워낙 많고, 고독사하시는 분도 많잖아요. 그러다 보니 호스피스에도 혼자 왔다가 혼자 돌아가시는 분이 계실 수도 있겠다는 생각이 드는데, 그렇다면 그분들은 삶의 의미를 어떻게 찾을 수 있을까요?

● 그분들은 삶이 힘들었겠죠. 그동안 혼자 얼마나 쓸쓸하고 외로우셨겠어요. 아까 말씀드린 것처럼 삶이 힘든 사람은 죽음보다 더 깊은 삶을 살기 때문에 다른 사람보다 죽음이 조금 더 쉬울 수 있어요. 그래서 다른 분보다 좀 더 잘 내려놓으세요.
대구의료원은 의료원이기 때문에 노숙자가 아주 많았고, 제가 그분들을 많이 모셔봤어요. 그분들은 혼자 계시니 간병이 힘들어요. 마지막에 물 한 모금도 못 마시는 상태가 되었을 때는 다른 사람이 도와줘야 하거든요.
우리가 건강할 때는 나 혼자 라면도 끓여 먹고, 밥 못 먹으면 콜라도 마시고 여러 가지를 할 수 있지만, 죽을 때는 혼자 잘 죽을 수 없어요. 내 시체를 나라에서 장례를 치러줄 수도 있지만, 그것도 결국 사람이 하는 거잖아요.
그래서 혼자 지내는 분은 국가에서 보조를 해주고 있어요. 한국이 아직까지는 복지가 비교적 잘 되어 있어서 노숙자를 위한 긴급 의료 지원이 있어요.

예전에 돈은 조금 있었지만, 사회적인 관계는 모두 끊어진 분이 오셨어요. 그러다가 돌아가셨는데 그때 아드님이 갑자기 나타나셔서 남은 500만 원을 찾아가신 경우도 있었어요. 그게 벌써 20여 년 전의 일이고요. 지금은 다양한 1인 가구가 있잖아요. 혈연관계가 아니더라도 평소에 관계를 잘 맺어놓고, 호스피스에 들어오셔서 주위 사람과 봉사자를 배려하며 살아가시는 분들은 외롭지 않게 돌아가셔요. 요즘은 1인 가족도 많고 딩크족도 많잖아요. 제 주위에도 그런 친구가 많은데 가끔 저에게 물어봐요. 남편이 자기보다 먼저 세상을 떠날 확률이 높은데 그러면 나는 어떻게 하느냐고 말이죠. 그러면 저는 일단 돈을 조금 모아놓으라고 해요. 요즘은 잘해주는 간병사가 많아요. 그리고 가족에게 잘하면 그들이 잘 보살펴주는 경우도 많고요.

○ **그럴 수 있을 것 같아요. 다양한 형태의 죽음을 목격하고 경험하셔서 그런지 굉장히 현실적이고 실용적인 팁을 주시는 것 같아요.**

● 아줌마라서 그렇습니다. 아, 이제는 할머니네요(웃음).

○ **선생님은 안락사보다는 주어진 생은 끝까지 마무리하고 떠나야 한다고 생각하시는 거죠?**

● 현재 안락사는 법적인 문제가 굉장히 복잡하게 얽혀 있습니다. 죽음, 삶, 결혼 이런 것은 다 그 나라의 문화와 깊이 결부되어 있죠. 지금 한국에서 안락사가 불법이기 때문에 제가 반대하는 거죠. 다만, 사회적 흐름이 안락사를 합법화하는 방향으로 간다면 그때는 저도 그 흐름을 따르겠죠. 저는 처음에 안락사가 안 좋다고 생각했어요. 그런데 자살도 좋은 건 아니잖아요. 그러니 사회와 문화적 흐름을 보며 거기에 순응하려고 합니다. 문제는 내가 세상을 떠났을 때 남겨질 사랑하는 사람들이죠.

저의 환자분 중에 암이 얼굴로 와서 힘들어하던 분이 계셨어요. 그분도 제 손으로 생을 마치고 싶어 하셨는데 그러면 남은 자식들이 병든 어머니를 모시지 못했다고 손가락질을 받을까 봐 끝까지 고통을 견디시다가 자연사하셨거든요. 저도 제가 죽을 때 안락사가 보편적으로 허용되고, 그로 인해 제 딸이 죄책감을 느끼지 않는다면 그때는 안락사를 선택할 것 같아요. 어떤 결정이든 제 자식의 마음이 편한 쪽으로 하고 싶어요. 다만, 지금 현재로서는 안락사는 조금 아니라고 생각합니다. 조심스러워요.

○ **엄마의 마음은 다 똑같네요. 저도 같은 마음입니다. 다음 질문으로 죽음이 얼마 남지 않았다는 나쁜 소식을 전할 때는 어떻게 하는 게 좋을까요?**

● 그럴 때는 방법이 있어요. 그리고 우리 교과서에는 나쁜 소식을 알리는 것이 가장 중요하다고 적혀 있거든요. 그렇게 미리 알려야 환자의 통증 조절도 잘할 수 있고요. 그 외에도 장점이 몇 가지가 있어요. 다만, 나쁜 소식을 듣고 더 악화된 사례가 딱 한 번 있었어요. 환자분이 군인이셨는데 나쁜 소식을 알리자마자 금방 돌아가셨어요. 그걸 판단하는 건 사실 의사보다 가족이 더 잘 알아요. 환자 성향에 따라서 알려야 할지, 또 언제 알려야 할지 판단할 수 있죠. 다만 가족도 다 합의가 되는 건 아니라서 의견을 맞춰가면서 환자와 가장 친한 사람이 서서히 알리는 게 가장 좋죠. 비단 죽음만 그런 게 아니겠죠.

예를 들어 우리 딸이 어렸을 때 진짜 공부를 못했어요. 어렸을 때는 이 아이가 대학을 갈 수 있을지 알 수 없을 정도였죠. 수학을 너무 못했어요. 그래서 제가 나쁜 소식을 서서히 알렸죠. 너 이런 식으로 공부하면 4년제도 들어가기 힘들다, 이렇게 말했더니 한의사가 되고 싶었던 딸이 충격을 받았나 봐요. 그때부터 수학을 열심히 공부해서 졸업할 때는 1등급을 받았어요.

환자도 마찬가지예요. 환자에게 나쁜 소식을 알리면 제가 환자의 통증을 잘 조절할 수 있어서 좋지만, 그런 소식을 전하면 안 되는 환자도 있죠. 그럴 때는 환자분에게 이제 치료는 어려운 단계에 왔지만, 마지막까지 환자분이 원하는 통증 조절이나 다른 것들은 제가 함께하겠다고 말씀드려요. 그게 제가 환자분에게 나쁜 소식을 알리는 저만의 방법이에요.

○ 받아들이는 사람의 성향에 따라서 완급 조절해야 한다는 말씀이 인상적입니다. 흔히 우리는 암을 보이지 않는 내부 질환이라고 생각하는데, 암이 얼굴로 오기도 하잖아요. 암이 정말 무서운 병이구나 하는 생각이 드는 한편, 마지막까지 그런 상황을 감당하시는 환자분이 대단하게 느껴졌어요.

● 암이 얼굴로 오면 변형이 많이 돼요. 그런 류의 암을 제

가 의과대학에 다닐 때는 거의 접하지 못했어요. 그때는 제가 말기 암을 접할 일이 없었으니까요. 암이 새송이버섯처럼 쑥쑥 자라서 살을 파고 들어가요. 특히 말기에는 항암 치료를 할 수 없으니 환자의 외형이 변해요. 머리에 암이 올 경우에는 머리에 축구공만한 암 덩어리가 올라와 있고요.

○ 제가 죽음이나 암을 너무 피상적으로 알고 있었다는 생각이 드는군요. 다만, 사람들은 대부분 본인이나 사랑하는 사람들이 암에 걸리지 않는 한 문병하러 간다고 해도 주로 초기에 가잖아요. 암이 말기로 진행된 상태일 때 문병 가는 경우는 많지 않고요. 또 드라마나 영화를 보면 암 환자가 마른 몸으로, 머리카락이 빠진 채, 창백한 얼굴로 누워 있는 모습을 비춰주잖아요. 그래서 선생님의 이야기를 듣고 조금 놀랐습니다. 선생님의 환자분은 자식들을 위해 끝까지 사셨지만, 만약 저라면 견디기 어려울 것 같아요. 그런 경우에는 선생님이 어떻게 도와주시나요?

● 30대 초반인 여자 환자분이 계셨어요. 그 환자분에게 초등학교에 다니는 딸이 둘 있었는데 그분도 두경부 암에 걸

리셨어요. 얼굴 뼈에 암이 온 환자들이 꽤 계세요. 그분들은 얼굴이 변하죠. 환자마다 정도의 차이는 있지만 다들 얼굴에 변형이 와요. 그리고 얼굴 두경부에 암이 생길 경우에는 죽는 것도 쉽지 않아요.

내장 질환, 폐에 암이 생기면 또 사정이 다르지만, 얼굴에 암이 생기면 어느 날 갑자기 세상을 떠나시는 경우도 있어요. 얼굴에 생긴 고름 덩어리가 기도로 떨어져서 막아버리면 숨을 못 쉬어요. 그 환자분도 너무 힘드니까 저에게 이제 살날이 얼마나 남았냐고 물어보시더라고요. 첫째 딸 이름이 지현이어서 제가 '지현 엄마'라고 부르면서 이렇게 말했어요. 우리 내일 죽을 거 각오하지 않았나, 그러니 내일 죽을 생각하지 말고 오늘 열심히 살자. 그 지현 엄마가 굉장히 현명하신 분이었어요. 죽기 전까지 아이들 밥을 다 해줬어요. 병동에 온 아이들 학습지까지 다 챙기고요. 그 아이들이 엄마 보러 와서 자기들도 의사가 되겠다고 열심히 공부했어요. 지현 엄마는 죽기 전까지 아이들을 그렇게 보살폈어요. 아이들이 곧 세상을 떠날 엄마에게 편지를 썼는데, 거기에 지현 엄마의 얼굴 사진을 깔아놓고 "영원히 기억할게요"라고 쓰더라고요. 자기 엄마 얼굴이 변한 걸 아이들도 아니까 직접 말하지는 않고 편지에 그렇게 쓴 거죠.

우리나라는 안락사가 불법이잖아요. 안락사를 하려면 스위스까지 가야 하고요. 그렇다면 법이 바뀌기 전까지는 이 상황에 맞춰 조금 남은 삶을 어떻게든 살아보면 어떨까 싶어요. 한 달 남은 삶에 의미를 부여해서 사는 거죠. 그 지현 엄마처럼요. 아마 그 따님들은 공부 열심히 해서 의대 가서 좋은 의사가 되지 않았을까요? 그렇게 끝까지 열심히 살아가자는 말을 하고 싶어요.

○ **선생님이 아니면 들을 수 없는 정말 소중한 이야기입니다.**

● 제가 지금 말씀드리는 건 다 정보예요. 왜 정보가 중요한지 말씀드리기 위해 저의 부모님 이야기를 해드리려고 해요. 저의 아버지는 환갑 전에 심장마비로 갑자기 떠나셨고, 어머니는 암에 걸려서 호스피스 병동에서 한두 달 정도 지내시다가 떠나셨어요. 두 분이 돌아가신 방식이 완전히 다르죠. 물론 죽음은 같은 죽음이지만 사실 어머니의 죽음이 주는 무게가 더 무겁기는 하잖아요. 보통 자식들은 어머니에게 애착이 더 크니까요. 그런데 저는 호스피스 병동에서 일하면서 죽음에 대한 배경지식을 쌓게 됐잖아요. 그 지식

이 저를 위로해줬어요. 그렇게 정보와 지식이 나를 위로해 줄 때가 많아요.

이런 거죠. 수능 칠 때 공부를 많이 하면 조금 덜 틀리잖아요. 평소에 건강할 때 이런 정보를 알아두면 내가 죽음을 앞두게 됐을 때 그 지식이 나를 위로해줍니다. 그래서 제가 죽음에 대해 자꾸 세상에 알리는 거랍니다.

○ 평소에 죽음을 주제로 한 책을 검색해보면 철학자나 사상가나 종교인들, 아니면 심리학자가 쓴 죽음에 관한 책이 굉장히 많이 나오잖아요. 그런데 제가 오늘 선생님의 이야기를 듣고 놀라는 한편으로 왜 공감하게 됐을까 생각해봤어요. 그분들은 추상적이고 정신적인 영역에서 죽음을 다루는 편이잖아요. 우리는 몸을 가지고 살아가는 존재인데 육체적인 죽음에 대해서는 의외로 무지한 것 같아요. 그런데 선생님이 그 부분에서 다양한 지식과 통찰을 주셔서 더 와 닿았습니다.

지금까지 호스피스 이야기를 많이 해주셨는데, 호스피스는 말기 암 환자만 갈 수 있나요?

● 제가 처음 호스피스 시설에서 일할 때는 그곳에서 환자

분들에게 다양한 서비스를 제공했어요. 그중에서 가장 큰 특징은 의료진이 마약을 재량껏 쓸 수 있다는 거예요. 그래서 호스피스에는 말기 암 환자만 들어갈 수 있는 것으로 제한했습니다. 말기 암 환자인데 치매에 걸리신 분은 현실적으로 케어가 안 되니 들어가실 수 없는 것으로 알아요. 지금은 제가 호스피스를 그만둔 지 꽤 됐는데, 이제는 말기 암 환자와 함께 에이즈 환자도 들어갈 수 있는 것으로 알고 있어요. 말기 암 환자가 호스피스에 가야 하는 가장 큰 이유는 그곳에서 통증 조절을 할 수 있기 때문이에요. 모르핀을 아무 병동에서나 막 쓸 수는 없거든요.

그리고 호스피스 시설이 아니더라도 우리는 죽음과 항상 연결되어 있죠. 살아 있는 존재는 언젠가 죽기 마련이니 죽음 공부를 해야 해요. 요양원에도 죽음이 찾아오니 임종실이라는 공간이 있어야 하고요. 임종 돌봄은 호스피스뿐만 아니라 다른 곳에서도 받을 수 있어야 하지 않을까요? 임종 돌봄 기능을 호스피스에만 국한하면 환자들이 힘들어지죠.

얼마 전에도 보니까 호스피스에 들어가시지 못해서 안락사를 위해 스위스로 가시는 분들이 있더라고요. 이제는 요양원에서도 더는 치료가 안 되는 분들이 꽤 많은데. 그런 분들의 임종 돌봄을 활성화해야죠. 무작정 호스피스 시설을 늘리긴 참 힘들거든요. 그러자면 돈도 많이 들어가고, 간호사도 많이 모집해야 하는 데다 법적인 규제도 까다롭거든요. 이제 우리는 요양원에서 죽을 가능성이 커요. 집에서 죽으면 좋겠지만 제 딸만 해도 제 죽음이 다가오면 집에서 보살펴주기 쉽지 않을 거예요. 그러니 제가 요양병원에 가면 딸이 편하잖아요.

무엇보다 호스피스의 주된 기능은 임종 돌봄에 국한된 것이 아니에요. 거기에서 제공할 수 있는 서비스의 극히 일부일 뿐이에요. 말기 암 환자들이 그곳에 가는 이유는 죽으러 가는 게 아니라 암성 통증을 줄이기 위해 가는 거고요.

○ **선생님이 말씀하신 것처럼 요즘은 요양원에서 많이 돌아가시는데 임종 돌봄이 그곳에서도 원활하게 이루어진다면 정말 좋겠죠. 최근에 디그니타스**Dignitas[1]**에 가신 분의 사례를 저도 알고 있는데, 그곳까지 가지 않아도 자국에서 편하게 죽음을 맞을 수 있다면 좋겠지만 아직 활성화가 안 돼 있어서 그렇게 멀리까지 가시잖아요.**

---

[1] 의사 및 의료인의 지도 하에 존엄하게 삶을 마무리할 수 있도록 지원하는 단체.

그런 게 법으로 제정되려면 보다 많은 사람이 이런 상황을 알아야 하니, 선생님의 말씀이 큰 도움이 될 것 같아요. 그런데 이야기를 듣다 보니 대체 암성 통증이라는 건 어느 정도의 통증인지 궁금합니다.

● 암성 통증의 단계를 우리는 0에서 10으로 표현하는데 10은 정말 견딜 수 없을 때, 고층 건물에서 뛰어내리고 싶을 만큼 아픈 걸 10으로 표현해요. 의사들이 만성 통증 마약성 진통제인 모르핀을 쓰기 시작하는 통증은 4부터입니다. 4가 어느 정도냐면 치통을 겪을 때 4로 쳐요. 7 정도면 아기를 낳는 고통이고요. 그런데 환자들 대부분은 10의 고통을 호소합니다. 비유하자면 매일 아기를 낳는 고통을 겪고 있는 거나 마찬가지죠. 선생님은 아기를 낳을 때 무통분만하셨나요?

○ 저는 꼬박 36시간 동안 진통을 겪어서 지금도 떠올리면 정말 끔찍해요. 아이가 너무 안 나와서 수술하려다 마지막에 무통분만으로 겨우 낳았는데 죽을 것 같았어요. 아이 낳는 고통으로 비유를 해주시니 갑자기 이해가 됩니다.

● 그러니까요. 그런 끔찍한 고통이 매일 지속되는데 마약성 진통제를 쓰면 그걸 0으로 만들 수 있단 말이에요. 다 그런 건 아니지만 요즘 의학으로 통증은 95퍼센트가량 조절할 수 있어요. 그래서 암 환자는 통증이 줄어들도록 보살펴드려야 해요. 저의 외할머니가 왜 앉아서 돌아가셨겠어요? 너무 고통이 심하니까 그러신 거죠. 이제 그런 일은 없어야죠.

○ **죽음을 끝까지 받아들이지 않는 환자가 서구보다 한국에서 더 많다는 이야기를 어떤 책에서 봤는데요. 선생님이 지금까지 지켜보신 환자분들은 어떠셨나요?**

● 죽음을 끝까지 받아들이지 않는 환자분들은 많지 않았어요. 왜냐면 제가 20여 년 전에 호스피스에서 일할 때만 해도 그곳에 오시는 분은 이미 자신이 죽으리라는 사실을 인정하고 오셨거든요. 저희 어머니도 그랬어요. 그곳에 가면 죽는 거 아니냐고 하시면서 처음에는 안 오시려고 했어요. 호스피스 병동이 처음 생겼을 때는 텅텅 비어 있었어요. 그러다 제가 그곳을 그만둘 때쯤엔 대기가 3개월씩 밀려 있었어요. 지금은 엄청나게 많은 분이 기다리신다고 하더라고요. 그동안 인식이 바뀐 거죠.

그래서 이제는 작가님이 말씀하신 것처럼 죽지 않겠다고 저항하시는 분들은 많지 않아요. 자신이 처한 상황을 다 인지하고 잘 받아들이세요.

○ 오늘 해주신 통증 이야기는 환자에게도, 보호자에게도 큰 도움이 될 것 같습니다. 모르핀이라는 마약성 진통제 이야기가 인상적이에요. 의료적인 측면에서는 긍정적인 부분이 훨씬 많아 보이고요. 하지만 모르핀에 대한 대중의 인식이 부정적인 측면이 있잖아요. 말기 암 환자를 치료할 때 모르핀이 왜 필요한지 전문가로서 견해를 더 들려주실 수 있을까요?

● 모르핀은 의사들도 학교 다닐 때는 많이 안 썼어요. 저도 암성 통증을 공부하면서 이 약에 대해서 많이 알게 됐고요. 이런 이야기를 하는 게 조심스럽습니다. 마약 중에 펜타닐 패치라고 해서 사람을 좀비처럼 만드는 마약이 있어요. 일명 '좀비약'이라고 하죠. 이 약은 극히 적은 양만 써도 강력한 진통 효과를 줘요. 이 패치가 외국에는 굉장히 많아요. 이 약이 셀로판테이프처럼 생겼는데 1센티미터도 안 되는 걸 피부에 붙이면 중독됩니다. 이 약을 환자에게 사흘에 한

번씩 붙이면 강력한 진통 효과를 발휘하지만, 의사 입장에서는 일반인이 이 약을 구해서 마약으로 사용할까 염려되는 거죠. 외국에서는 실제로 이런 마약성 진통제에 중독된 사람이 많아요. 이런 기사가 자주 나오니까 모르핀을 반드시 써야만 하는 말기 암 환자가 거부하기도 해요. 사람을 좀비로 만드는 약이 아니냐고 하면서요. 죽을 때 쓰는 약인데 나는 아직 죽을 때가 아니니 쓰지 않겠다고 거부하는 환자들도 있어요.

호스피스 시설에선 이 모르핀을 진통제로 써요. 놀랍게도 마약중독자가 쓰는 모르핀과 저희가 진통제로 쓰는 모르핀은 성분은 같은데 다른 효과를 발휘해요. 중독자는 일상을 탈피하기 위해 모르핀을 쓰지만, 우리는 환자의 통증을 줄여서 환자가 일상생활을 할 수 있게 하려고 씁니다. 그리고 희한한 점은 모르핀은 진통제인데 내성이 없어요. 그래서 모르핀을 써도 중독이 안 돼요. 가끔 중독되는 경우도 있지만 그건 교통사고로 죽을 확률보다 낮아요. 그러니 죽어가는 사람에게 이렇게 좋은 약을 쓰지 않는 건 말이 안 되는 거죠. 또 모르핀은 약의 특성상 천장 효과가 없어요. 우리가 평소에 해열 진통제로 쓰는 타이레놀도 여섯 알 이상 먹으면 약효보다 간에 독성이 커져요. 해가 더 크다는 뜻이죠. 그걸 천장 효과라고 하는데 모르핀은 그런 게 없어요. 그래서 모르핀을 계속 쓰다가 나중에 쓸 수 없게 되면 어떡하느냐고 걱정하시는 분도 있는데 모르핀은 쓰면 쓸수록 효과가 있는 특이한 약입니다.

○ **저도 모르핀을 어느 정도까지만 써야 하는 게 아닌가 싶었어요. 모든 약은 다 내성이 생긴다고 알고 있었거든요.**

● 약이란 게 그렇죠. 내성도 있고 독성도 있어서 오래 쓰면 안 좋지만, 모르핀은 그렇지 않아요. 다만, 처음에 쓸 때 조심스럽게 잘 써야 해요. 처음 쓸 때는 호흡 곤란이 올 수도 있는데, 그때는 또 그런 상황에 쓸 수 있는 해독제가 있어요. 독성이 너무 강하다 싶을 때 해독제를 쓰면 금방 깨어나요. 그래서 의사가 잘 쓰면 굉장히 좋은 약이에요. 다만, 잘못 관리하면 중독될 수 있고, 간혹 의료진이 손을 댈 수도 있어서 관리를 철저히 해야 해요. 그래서 호스피스 병동 설립이나 운영이 까다로운 겁니다.

○ **호스피스 병원은 좋은 곳이니 더 많이 지으면 되지 않을까 생각했는데, 그런 문제가 있었군요.**

● 까다롭죠. 돌봄 서비스도 좋아야 해서 유능한 간호사를 많이 구해야 하는데 그것도 쉽지 않아요.
제가 펜타닐 패치가 셀로판테이프처럼 생겨서 아주 작다고 했는데, 가끔은 파스처럼 큰 것도 있어요. 그건 아주 독한 거예요. 그 큰 패치를 환자의 등에 붙여요. 암 말기가 되면 링거 잡을 라인이 없을 정도로 몸이 많이 상하는데 그 패치는 적은 용량으로도 큰 효과를 내거든요. 그리고 한 번 붙이면 효과가 사흘이 가니 좋은 약이죠. 그런데 젊었을 때 펜타닐 패치에 중독된 사람이 나중에 암에 걸리면 이걸 못 써요. 이미 중독된 몸이라 약효가 나타나지 않는 거죠. 그래서 마약 중독이 무서워요. 아이를 낳을 때도 진통제에 마약 성분이 조금 들어가요. 하지만 우리는 중독되지 않았잖아요. 잠깐 아플 때만 써서 그래요.

○ 선생님이 환자분을 먼저 울게 한 후에 위로해주신다는 이야기를 보고 왜인지 좋았어요. 저도 이번에 느꼈는데, 제가 몸이 안 좋아서 마음이 힘들 때 잘 모르는 분들이 별거 아닐 거라고, 좋은 결과가 나올 거라고 말씀해주시더라고요. 감사한 말씀이지만, 저는 그 말씀이 위로가 안 됐어요. 내 속은 타들어가는데 막연하게 좋은 결과가 나올 테니 걱

정하지 말라니, 말처럼 쉽지 않잖아요. 생각해보면 우리 사회가 환자에게 밝게 지내기를 강요하는 면이 있는 것 같아요. 그래서 선생님의 접근법에 공감을 했나 봅니다. 사실 선생님이 울게 하지 않아도, 죽음을 앞두면 눈물이 날 수밖에 없을 것 같기도 하고요.

● 호스피스 병동에 오시는 분은 이미 본인의 죽음을 인지하고 오세요. 그 전에 집에서 먼저 많이 우시죠. 죽음을 앞둔 환자는 세 번은 크게 우시는 것 같아요. 호스피스에 가면 살아서 돌아오지 못한다는 슬픔에, 호스피스에 오시기 전날에, 임종에 모실 때, 이렇게 세 번이요. 다만, 저랑 함께 있을 때 우시는 건 인생 이야기를 하니까요. 그러다 보면 눈물이 날 수밖에 없는 거죠.

저희 병동에 처음 오시면 히스토리 테이킹history taking이라고 해서 제가 가족 관계부터 시작해서 여기까지 어떻게 오시게 됐는지 여쭤봐요. 그러면서 살다가 무엇이 제일 힘들었는지 들을 수밖에 없는데 그 이야기를 하실 때 많이 우세요. 딸이 항암 치료를 받다가 교통사고로 세상을 떠났다고 말씀하시면서 우시는 분도 계셨어요. 그렇게 인생 이야기를 하다 보니 우시는 거지, 죽음을 앞뒀다는 이유만으로 우시는 건 아니에요.

○ **선생님이 책에서 이야기해주신 《혼자 가야 해》라는 동화책을 봤는데 뭉클하더라고요.**

● 제가 환자분을 임종실에 모실 때 보호자분에게 해드릴 수 있는 말이 많지 않았어요. 임종실에서 임종 단계를 밟고 짧게는 한 시간에서 길게는 일주일 정도 머무르세요. 그래서 그 시간에 보호자분에게 죽음을 어떻게 볼 것인지, 저만의 이야기를 해드리고 싶어서 <책을 읽어드릴까요>라는 프로그램을 진행했어요. 죽음에 대한 저 나름의 인문학적인 접근이었던 거죠.

환자분은 임종실에 들어가 계시고, 가족과 저는 유리창을 통해서 그 모습을 봐요. 그때 제가 책을 읽어드리죠. 그때 읽어드린 동화책이 바로 《혼자 가야 해》(느림보, 2011) 예요. 그 동화책에는 죽어가는 시추 강아지가 나와요. 시추가 쪽배를 타고 강을 건너려고 해요. 강 건너편에는 누군가 기다리고 있어요. "너무 슬퍼하지 마. 난 그냥 강을 건너는 거야." 시추는 생전에 사랑했던 사람에게 이렇게 말하고, 그 쪽배를 타고 떠나죠. 그것은 혼자서만 탈 수 있는 쪽배거든요.

시추의 표정은 그냥 무덤덤해요. 제가 시추의 표정을 보고 놀랐어요. 그 모습이 우리 병동 환자분들의 표정이랑 너무 똑같은 거예요. 눈만 감은 상태로 아주 무덤덤한데, 한편으로는 사람이 돌아가셨을 때의 표정과 유사하죠. 근육이 다 풀린 그 모습은 한편으로 굉장히 편해 보여요. 책에 나오는 시추도 그랬어요. 조금 앙상할 뿐이죠. 저희 어머니도 그러셨고요. 동화책의 삽화를 그리신 작가님이 호스피스 병동을 잘 알고 계시나 하는 생각이 들 정도였어요.

그 이야기를 제가 동영상으로 만들고, 편집했어요. 강의할 때 보여드리죠. 내레이션도 제가 직접 했어요. 예전에 〈아침마당〉에 출연한 적이 있는데, 그 동영상을 방송에서 나가서 보여드렸죠. 이금희 아나운서님이 많이 우시더라고요. 아나운서님이 이 동화책을 읽으면 전 국민이 울지 않을까 하는 생각이 들었다고 말씀하시더라고요.

누구나 다 죽음을 알 수는 없어요. 저처럼 천 명의 죽음을 볼 필요도 없고요. 알 필요도 없죠. 다만, 저의 경험을 많은 사람에게 알리고, 제가 아는 정보와 지식으로 한 사람의 마음이라도 편해질 수 있다면 좋겠어요.

○ 환자가 죽어가는 과정이 생각보다 길어져서 병원에 항의했다는 가족의 이야기를 들은 적이 있어요. 마음이 복잡해지더라고요. 이제 현대인들은 바쁘게 살다 보니 가족의 죽음마저 느긋하게 기다리지 못하는 게 아닐까 하는 생각도 들었습니다.

● 그 환자분의 가족과 의료진의 의사소통에서 약간의 오해가 있었던 것 같습니다. 제가 여태까지 보았던 환자분의 가족은 그저 환자분의 마지막이 조금이라도 편하기를, 그렇게 편하게 보내드릴 수 있기를 바라셨어요. 제가 이야기를 하나 해드릴게요.

제가 아는 후배 중에 열 살 난 아들을 뇌종양으로 먼저 떠나보낸 친구가 있어요. 그 친구는 그때 40대 중반으로 굉장히 실력이 좋은 의사였는데 아들이 뇌종양에 걸리자 버는 돈을 다 치료비로 쓰고 집을 중환자실로 만들어서 오직 아이를 살리는 데만 집중했어요. 그런 한편으로 봉사도 열심히 다니고 다른 암 환자 아이들을 살리기 위해 기부도 많이 했죠. 아들의 상태가 좋지는 않았어요. 링거를 많이 쓰면 폐에 물이 찼거든요. 그 물을 커다란 주삿바늘을 꽂아서 빼야 해요. 어린아이가 얼마나 아팠겠어요. 그래서 그 후배가 달래주었대요. 이 주사바늘을 꽂는 게 힘들지만 숨을 못 쉬면 안 되니까 하지 않겠느냐고요. 그랬더니 아이가 울면서 이렇게 말했다는 거예요. 이 일은 너무 힘들고, 나는 어차피 하늘나라로 가겠지만, 한 달이라도 아빠와 엄마와 함께 있고 싶다고요. 해보겠다는 거죠. 그러면서 자기가 세상을 떠나더라도 자기를 절대 잊지 말라고 했대요. 자기가 쓰던 책상도 그대로 놔두라고요. 아이는 사람들이 자기를 잊는 게 가장 힘들 것 같다고 했대요.

결국 아이는 세상을 떠났어요. 후배는 여전히 열심히 진료하고, 봉사하면서 살고 있어요. 세상에는 그렇게 어쩔 수 없는 운명이라는 게 있어요. 죽음이 일찍 왔다는 건 불행이 아니라고 생각해요. 그 운명을 불행으로 받아들이느냐, 행복으로 만드느냐는 당사자의 몫인 거죠. 저는 그 후배가 자신의 운명을 행복으로 만들고 있는 게 기적이라고 생각해요. 자식을 먼저 떠나보냈지만, 우울증에 걸리지 않고, 열심히 다른 사람을 돕고 사는 게 기적이고, 훌륭한 삶이라고 생각합니다. 저도 그렇게 살고 싶어요.

○ 죽음에 대한 인터뷰였는데 기적에 대해서도 다시 한번 생각해볼 수 있었어요. 자식을 잃는다는 건 상상조차 어려

운 고통인데, 그런 일을 겪으시고도 봉사하시면서 살고 계시다니요. 본인의 손으로 기적을 만드시며 살고 계시네요. 누구도 흉내 내지 못할 경지인 것 같습니다.

● 기적을 행할 수 있어요. 누구나 행할 수 있는 기적을. 제가 이렇게 글을 쓴 적도 있어요. "너무 우울해하지 마세요. 당신도 기적을 만들 수 있어요."

얼마 전, 말기 암으로 3개월 진단을 받았다고 한 지인의 소식을 듣고, 그가 있는 요양원으로 찾아간 적이 있다. 평소에 천사처럼 성정이 곱고, 무척이나 열심히 살았던 그는 절대로 죽을 수 없다며 투병의 의지를 활활 불태웠다. 나는 그런 그의 손을 가만히 잡아주었다. 집으로 돌아가는 길에 문득, 아주 오래전에 본 일본 만화 《블랙잭》이 떠올랐다. 데즈카 오사무가 그린 의학 만화인데, 무면허 천재 외과의사 블랙잭의 이야기를 담았다. 그의 조수인 피노코가 한 말이 문득 떠올랐다. 피노코는 암으로 고통받으며 죽어가는 환자를 보살피며 힘들어하다가 어느 날 굳게 다짐한다. 죽음의 방식을 고를 수 있다면 암으로 죽는 걸 택하겠다는 것이다. 사고로 한순간에 세상을 떠나는 건 너무 억울하고, 치매에 걸리면 삶이 너무 길어지고 가족도 고생할 텐데, 암은 다르다는 것이다. 암은 고통스러워도 삶을 정리하고 사랑하는 이들에게 작별을 고할 수 있는 시간을 주는 병이니 괜찮을 것 같다고 했다. 만화를 읽은 지 오랜 세월이 지난 지금, 그가 어떤 의미로 그런 말을 했는지 이해할 수 있었다. 의사에게 다가올 죽음을 선고받고, 내가 받아들일 수 있고 원하는 방식으로 죽음을 맞이하는 것. 그 과정에 호스피스 시설이 있다는 것. 그 안에서 고통을 완화하며 좀 더 평화롭게 삶을 마감할 수 있는 대안이 있다는 사실에 나는 왠지 모를 위로를 받앉다.

한국인의 사망 원인 1위는 암으로 1983년 통계 집계 이래 40년 넘게 1위를 유지하고 있다고 한다. 통계상의 숫자가 피부에 와닿지 않는다면, 멀리 갈 필요도 없이 주위에서 암을 치료하고 있거나 암으로 세상을 떠난 이를 생각해보면 알 수 있을 것이다.

나는 신장이 좋지 않다. 갑작스럽게 건강이 나빠졌고, 원인을 알 수 없어서 시작한 병원 유랑기 끝에, 결국 내가 자가면역질환인 쇼그렌 증후군을 앓고 있으며 그로 인해 신장이 나빠졌다는 최종 진단을 받게 되었다. 진단을 받자마자 침샘에 돌이 생겼다. 염증 수치를 낮추고, 그 돌을 제거하기 위해 병원에 2주 정도 입원해서 수술했다. 그 과정에서 환자들이 겪는 고통과 두려움을 가까이서 바라볼 수 있었다. 나의 고통과 타인의 고통을 통해 어느 때보다 죽음과 삶에 대해 깊이 생각해볼 수 있는 시간이었다.

나는 불안했지만 절망하지는 않았고, 두려웠지만 공황에 빠지지 않았다. 무엇보다도 김여환 선생님과의 인터뷰가 큰 힘이 되었다. 병에 대한 정보가 중요하다는 것, 이 지식이 나를 위로해준다는 선생님의 말씀이 무슨 의미였는지 생생하게 알 수 있는 시간이었다.

기적을 행할 수 있어요.
누구나 행할 수 있는 기적을.

죽음을 인터뷰하다

2025년 10월 29일 초판 1쇄 발행

지은이 박산호
펴낸이 이원주

책임편집 이채은　**디자인** 진미나
기획개발실 강소라, 김유경, 강동욱, 박인애, 류지혜, 고정용, 최연서
마케팅실 양근모, 권금숙, 양봉호　**온라인홍보팀** 신하은, 현나래, 최혜빈
디자인실 윤민지, 정은예　**디지털콘텐츠팀** 최은정　**해외기획팀** 우정민, 배혜림, 정혜인
경영지원실 강신우, 김현우, 이윤재　**제작실** 이진영
펴낸곳 (주)쌤앤파커스　**출판신고** 2006년 9월 25일 제406-2006-000210호
주소 서울시 마포구 월드컵북로 396 누리꿈스퀘어 비즈니스타워 18층
전화 02-6712-9800　**팩스** 02-6712-9810　**이메일** info@smpk.kr

ⓒ 박산호(저작권자와 맺은 특약에 따라 검인을 생략합니다)
ISBN 979-11-94755-99-9 (03810)

- 이 책은 저작권법에 따라 보호받는 저작물이므로 무단전재와 무단복제를 금지하며, 이 책 내용의 전부 또는 일부를 이용하려면 반드시 저작권자와 (주)쌤앤파커스의 서면동의를 받아야 합니다.
- 잘못된 책은 구입하신 서점에서 바꿔드립니다.
- 책값은 뒤표지에 있습니다.

쌤앤파커스(Sam&Parkers)는 독자 여러분의 책에 관한 아이디어와 원고 투고를 설레는 마음으로 기다리고 있습니다. 책으로 엮기를 원하는 아이디어가 있으신 분은 이메일 book@smpk.kr로 간단한 개요와 취지, 연락처 등을 보내주세요. 머뭇거리지 말고 문을 두드리세요. 길이 열립니다.